七天學會用哲學思考

蓋爾哈特・央斯特 著
Gerhard Ernst
莊仲黎 譯

目錄

星期三

然而我認為，一個人最大的幸福就是可以每天和別人談論習俗的價值，以及當我和其他人在接受考驗時，你們從我這裡所聽到的其他事情，畢竟不經受考驗的生活是沒有價值的。如果我把這些話告訴你們，你們會更加不相信我。無論如何，先生們，事情就是這樣，我說過，要你們確信是不容易的。

柏拉圖，《對話錄．申辯篇 *38a*》

格老孔（Glaukon）說：蘇格拉底，對一個有理智的人來說，如果聽這樣的討論也必須有限度，那麼這個限度就是至死方休。

柏拉圖，《對話錄．理想國篇 *450b*》

在生活中若不嘗試做深入的思考，就好比有人閉著眼睛在世上活著，而且還不考慮睜開它們。人們用眼目認知萬事萬物，其樂趣永遠也比不上透過哲理的探究所獲得的滿足。

笛卡兒，《哲學原理》

如果有人真的想成為哲學家，就必須鞭策自己不斷地練習，直到能夠自主而自由地運用理性，而不是只會仿效他人、不加思考地使用理性。

康德，《邏輯學》

無法推究哲理的人，就不能被稱為哲學家。人們只能經由對於理性的演練，及自行增加理性的運用，來學習哲學的思考。

康德，《邏輯學》

如果想要學會探究哲理，就應該把所有的哲學系統當成只是人類運用理性的歷史，只是發展本身哲思能力的練習對象。

康德，《邏輯學》

這完全正確且非常合情合理：人們通常不知道該怎麼面對哲學。不過，如果因為這個普遍的現象就認為人類無法對哲學下判斷，那將是錯誤的看法。儘管我們面對哲學時，往往不知該如何是好，不過，這裡倒有一個反問：假設我們從事哲學思考的話，是否哲學最終也無法處理我們的問題？

海德格，《形上學導論》

星期一
我應該如何生活？

當讀者走入哲學象牙塔

讀者：您這裡的白色牆壁看起來很棒！

哲學家：全是象牙做的。很好看，不是嗎？

讀者：真不賴，而且視野遼闊，景觀很棒！不過，從這上面往下瞭望全世界，會覺得有點頭暈。

哲學家：暈眩的情況會慢慢好轉。再過幾天你會發現，自己已經習慣在這裡，一放眼就能看到整個地球。

讀者：我們現在是在最高樓層嗎？

哲學家：正好相反！我們目前在一樓。象牙塔就是這樣，光是底部樓層的高度就已經很高了！況且上面還有許多樓層呢！

讀者：您住在這棟象牙塔的高樓層嗎？

哲學家：才不呢！我的房間就在二樓，只比這裡高一層而已。

讀者：還有，我怎麼來到這裡的？

哲學家：經由一般的管道，因為您翻開了一本關於哲學的書！既然您已經在這裡了，我當然希望您能接受我的邀請。

讀者：為什麼您想邀請我？

哲學家：我想邀請您跟我待在這座象牙塔裡一個星期，一起討論一些哲學問題。

讀者：這正合我意。我對哲學到底在說什麼，早就很感興趣！不過，您大概猜得出來，我剛剛才拿到手中這本哲學書，還沒有真的入門呢！

哲學家：我想，您對哲學是感興趣的。不過，您可不可以在這裡稍微透露一下自己的身分？

讀者：很抱歉，無法奉告。但您或許可以猜猜看！

哲學家：我想，有許多可能。

讀者：比方說？

哲學家：您可能是高中女生，正考慮將來上大學要不要讀哲學系。您也許是退休的英文老師，心裡想著，研究哲學是不是能為退休生活帶來一些樂趣。

讀者：有可能。

哲學家：或許您是女物理學家，在自己的專業領域裡，一直覺得物理學和哲學之間有深層的關聯性，所以很想進一步了解哲學家的思考方式。或者，您是心理學家，對於哲學這個領域，也跟物理學家有類似的想法。

讀者：很有可能。

哲學家：您也可能是人權運動的活躍分子，只是自己還不清楚是否哲學能對自己所從事的人權奮鬥有所幫助。或許您目前從政，而內心正盤算著，是否哲學能有助於您的政治工作，讓擬定政策的理論基礎能更清楚明瞭。就像我剛剛說的，我可以針對您的身分做許多聯想。

讀者：如果我只是在尋求生命的意義呢？我在想，是不是能在哲學書本裡找到答案？

哲學家：如果您是在尋找生命的意義，那就更切中我的心意了！反正我現在就認定，您對哲學所知甚少，或者甚至一無所知，不過，求知的態度認真，很想知道「哲學本身」的內涵。

讀者：您所謂的「哲學本身」是什麼意思？

哲學家：我提到「哲學本身」的用意是，我真的很樂意跟你一起深入探索一些哲學問題。我希望能讓您真正認識一些哲學的思考，而不是只跟您聊一些著名哲學家的趣聞軼事，或只是告訴您，哪一位哲學家曾說過什麼。我希望透過一星期的對談來引領您並幫助您，更深入了解哲學家的思考方式，並且讓您可以自行思索一些哲學問題。

讀者：聽起來似乎不錯，不過，行得通嗎？

哲學家：我覺得這是個不錯的方式。一個星期的哲學課當然無法取代大學哲學系好幾年的課程，不過可以讓您對一些哲學主題以及處理這些主題的方式有初步認識。過了這個星期後，您就可以依照自己的興趣，看看是不是要再深入探究它們。

讀者：我們該怎麼開始呢？

哲學家：最好從您認為最重要的哲學問題開始，然後再看看，我們會聊到哪兒。

讀　者：這樣的交談會不會太輕鬆而讓討論變得亂七八糟，失去焦點？

哲學家：不用擔心，我會留意不讓我們的對談偏離主題，而且我會把握這七天的時間，至少把哲學最重要的問題都談論過。如果我們還能做些筆記，那就更好了！這對於掌握全程的討論很有幫助。

讀　者：這是個好主意！我希望經過一星期的哲學對談後，能帶些東西回家。我們現在就開始做筆記吧！

第一次討論摘要

本書是一本關於哲學概論的對話錄。其內容構想是針對所有想要知道哲學家如何思考，並且自己也樂於嘗試哲學思考的讀者。閱讀本書並不需要事先擁有哲學的基礎知識，只要讀者願意讓自己進入哲學的對談和論證裡就可以了！對於那些還不清楚自己是否對哲學感興趣的讀者，本書所提出的問題以及相關的答案，應該可以幫助他決定是不是要再進一步探究哲學。此外，本書還可以讓讀者們初步了解哲學領域中最重要的主題及探討方式。

關於生命意義的問題

哲學家：您比較想從哪一個哲學問題開始談起？

讀　者：我現在就可以進入哲學領域嗎？

哲學家：有何不可？

讀　者：好的，什麼是生命的意義？這算是個哲學問題吧？

哲學家：那當然！我們可以用兩種方式來理解這個問題：一、關於生命意義的問題是在質問，人們該擁有什麼樣的生活？也就是說，美好的人生應該具備哪些條件？二、關於生命意義的問題也在探詢，生命是否真的有意義？雖然生命是有限的，並沒有永恆的生命。

讀　者：我的問題應該屬於後者。幾十年後，我可能已經死了，不存在了，而且很快沒有人會再記得我這個人。況且，我們不知道地球什麼時候會被太陽吸進去，到時候所有生命不都終結了？因此，我們會疑惑，所有生命體的存在是為了什麼？

哲學家：人們確實會這樣問自己。我們都知道，死亡是無法逃避的，所以我們會把生命當成一個整體來看待，並尋求它的意義。提出這種終極的人生問題，或許也是人類存在的一部分吧！

讀者：那答案是什麼？

哲學家：您自己也可以料想到，要為這樣的大哉問找到一個好答案，實在很困難。您可以試著辨別下面這三個述句：

①生命是有限的。

②如果生命是有限的，它就沒有意義。

③所以，生命是沒有意義的。

由於以上的推論是有效的，因此，人們至少必須否定①或②其中一個前提，不然，就必須接受③這個結論。

讀者：我們如何能否定生命有限性這個事實？

哲學家：我們很難否定肉體都會死亡的事實，不過，有些哲學家曾嘗試為靈魂不滅提出論證。

讀者：這是表示，我們死後會依照我們在世間的作為受到賞罰？難道死後的審判就是人生的意義？

哲學家：許多人的觀念大致是這樣。您自己也知道，死後必須接受審判的想法很難找到有力的論據。這種說法充其量只是表達出許多人的願望：好人受到獎賞，壞人受到應有的懲罰——即使這一世沒有得到報應，無論如何，來世也躲不掉。

讀者：當然啦！人們通常都是好人，被歸為壞人的情況只是偶然，所以這種想法確實能慰藉人心。

哲學家：正是因為這種說法可以讓人心獲得寬慰，因此，這種說法比較可能出自人們的願望，而不是基於什麼充足的理由。有些哲學家則認為，人生其實是荒謬的，它的終點就是死亡，所以人們應該甘心情願地接受生命不具意義的真相。

讀者：就像有人會在咖啡杯或T恤印上「生活是辛苦的，然後便一命嗚呼」這句話。人生哪有美好的願景！

哲學家：當然，要過這種以荒謬的生命本質為出發點的生活方式，好像需要一些英雄氣概！不過，一些存在主義者總能從這樣的人生中獲得什麼。

讀者：聽不懂！

哲學家：如果既不否定第一個前提，即生命的有限性，也不想接受生命的無意義性這個結論，那麼，就必須駁回第二個前提（如果生命是有限的，它也就沒有意義）。就我而言，這似乎是最好的選擇：我們不該認為，會終止的生命就完全沒有存在的意義。

讀者：如果我們的生命有一天會結束，這樣的生命會有什麼意義？

哲學家：生命的意義就存在於生命本身。我在這裡舉一個日常生活的例子：一杯冷飲在一個大熱天裡有什麼意義？

讀者：人們喝了這杯冷飲，可以清涼解渴。

哲學家：在炎熱的夏天能為人們解渴，就是件好事，雖然它所帶來的感官享受不是永遠的。

畢竟有總比沒有的好！

讀者：所以您認為，生命的意義就是在生命的過程中，盡可能享有它的美好？

哲學家：就像我說過的，每個人對於美好人生的界定都不一樣，這個問題我們待會還會仔細討論。在這裡我只想表明，存在的短暫性並不會減少存在本身的價值或意義。甚至還有人會進一步主張：其實，只有暫時的生命才具有意義。

讀者：這話怎麼說？

哲學家：您仔細想想，如果我們不死，我們真的會活得比較好嗎？我反而覺得，沒有終結的人生會讓生命完全失去它的意義，因為我們有無限的時間可以不斷修正所有的決定，而所有完成的目標都只是過渡性的中段目標，不是最終的目標。沒完沒了的人生就像一個沒有結尾的故事，反而無法擁有自己的形貌。

讀者：或許人們還覺得這樣的人生有些無聊。還有，人們的生命如果只有此世而沒有來世，每個人的生命歷程就不會受到任何評斷，那麼，生活的好壞、品行的善良或邪惡都無關緊要了！反正人生終究是一死，所有的受苦都是枉然的，所有的美好也只是暫時的。

哲學家：您感傷生命的短暫這點我能體會。我不認為，人們能完全擺脫這個生命本身的缺憾。不過，我們卻可以這麼說：暫時的美好也是一種美好。儘管生命是有限的，如果我們能盡量擁有生活的美好，這不就是人生的意義嗎？

讀　者：所以，首先我們應該想想，到底什麼是美好的人生？

哲學家：沒錯！有鑑於生命的有限性，這確實是非常核心的哲學問題，相較之下，關於生命意義的問題在哲學裡就顯得比較不重要。這或許是因為生命具有的意義太少，人們實在說不出什麼冠冕堂皇的理由吧！

第二次討論摘要

關於生命意義的問題有兩個面向：第一個面向是在探詢，我們應該過怎樣的人生，也就是說，什麼是美好的人生，這也是哲學的主要議題之一。另一個面向是在尋求生命的意義，有鑑於生命的有限性，人們是否可能擁有有意義的人生？或許人們會認為，生命不是永恆的，生命的暫時性就意味著它的無意義性，所以生命沒有意義；或許人們會試著否定生命的有限性（並支持靈魂不滅的說法）；或許人們會接受生命的荒謬性（並努力經營出最美妙的人生）；不過，人們也可以主張，生命並不因為本身的有限性而喪失意義。為什麼只有永恆的存在才具有價值？或許生命是由於它的暫時性而獲得意義。

哲學家是經營美好人生的專家

讀者：您剛才說，關於美好的人生這個問題是關鍵的哲學問題？

哲學家：是啊。或許人們也可以簡單地問：「我應該如何過生活？」

讀者：難道哲學家真的想為別人訂下經營人生的準則？

哲學家：這並不表示，哲學家要為非哲學家的大眾立下規定，在人生中該做些什麼，該放棄什麼？哲學家怎麼可能做得到這些？

讀者：那麼，哲學家能做什麼？

哲學家：哲學家願意幫助每個人了解，該怎麼在這世界上活著。舉例來說，您可以回想一下，我們中小學的倫理課在教些什麼？這項課程主要是引導學生們正確思考什麼是正確的行為。

讀者：我本來以為，學校的倫理課是在灌輸學生們一些倫理價值。

哲學家：如果您不引導學生做自主的思考，純粹只是馴服和管束，別人說什麼，就讓孩子們照著做，而不讓他們先經過自己大腦的思考，這樣的教育方式是很危險的。

讀者：所以，有能力引領別人的人，必須比別人有更好的判斷力和學養。也就是說，在這個世界上，哲學家算是特別優秀的人？

哲學家：不，我比較不同意這樣的說法。不過，我們或許應該先釐清一下，到底什麼是優秀的人？

讀　者：我認為優秀的人很少犯錯。

哲學家：關於人們的過犯，有兩種非常不同的方式。第一，人們儘管知道做什麼才是正確的，卻不肯去做。

讀　者：例如，有人知道自己應該早起，因為他當天有許多事情必須完成，不過，他卻遲遲不肯起床，因為窩在暖烘烘的被子裡很舒服。您是這個意思嗎？

哲學家：沒錯！由於意志力薄弱的緣故，人們雖然知道自己最好該怎麼做，卻不願付諸行動。這種情況經常發生在人們身上，哲學家也經常犯這樣的錯誤，由此可見，他們不算是特別優秀的人。話說回來，即使人們去做自己認為正確的事，還是無法避免犯錯，因為，有時人們認為對的事情，實際上卻是錯的。

讀　者：這讓您想到什麼？

哲學家：比方說，有一個在賣場行竊的小偷認為自己很窮而百貨財團很富有，所以順手牽羊地帶走一些東西是對的。這麼一來，他就大錯特錯了！令人悲哀的是，即使他做了錯事，卻還認為自己是對的。

讀　者：難道您不也認為，哲學家會比較清楚，哪些行動是正確的？哪些是錯誤的？

哲學家：嗯，或許哲學家在這方面真的處在一個很有利的位置。但是，您還必須想想，事情的對錯與否往往要看具體的情況而定。假設您現在舉棋不定，沒有把握自己該做什麼，例如，你正在猶豫，是否該去幫朋友搬家，或是去探望生病的奶奶。那麼，您該依據什麼來決定做或不做？

讀者：或許就看這個朋友有多需要我幫忙，我們的交情有多深，奶奶的病情有多嚴重等諸如此類的。

哲學家：說得好！所以，所有這類的問題是哲學無法給予答案的。您不會在任何一本哲學書裡找到關於您奶奶的病情。

讀者：哦，我知道了！哲學完全不碰一些五花八門的實際情況，不過，它究竟要怎麼教導我該如何過生活？

哲學家：對於如何做出正確的決定，哲學家確實能提供一些容易受人忽略卻是很有用處的觀點。例如，人們通常不會意識到各種情況之間的關聯性，而哲學家卻會在這方面下功夫。哲學家會嘗試概括了解人們實際的想法，以及這些想法背後的基本思考架構。只要哲學家能提供這方面的想法，人們就會更清楚自己的情況。

讀者：為了做出正確的決定，我們真的需要從比較抽離的角度來看待事情嗎？

哲學家：我現在舉一個類似柏拉圖《對話錄》中的例子來做比較。例如，這裡有三個人：字母拼寫正確的人、文法老師和作家。請問，這三個人的書寫能力有什麼相關性？

讀者：作家和教文法的老師都必須能正確地拼寫字母；不過，作家不一定是文法老師，文法老師不一定是作家。同樣的，字母拼寫正確的人也不一定是文法老師或作家。

哲學家：雖然如此，人們還是堅持，學生應該學習拼寫正確的單字和正確的文法。為什麼會這樣呢？

讀者：因為上文法課對書寫有幫助，我是這麼想的。

哲學家：甚至一般具有字母拼寫能力的人也必須學習文法，作家就更不用說了。作家大多能正確地使用文法，這是出於他們的本能，如果他們還學過文法，他們書寫起來就會覺得更輕鬆，更有把握了！

讀者：那麼，這些跟哲學有什麼關係呢？

哲學家：每個人都應該學習正確的言行舉止，就像學習正確的字母拼寫。這兩方面要達到熟練和精確，主要是透過練習，不過，大家如果能牢記一些相關的基本原則，就會覺得更容易：人們如果熟悉文法的規則，就會有比較好的書寫能力，而且寫起來比較有把握。人們如果能多思考正確的行動準則，就會對自己的行動表現比較有信心，犯錯的機率也會降低，哲學在這方面正好可以派上用場。

讀者：您在這裡把哲學家比喻為文法老師，而展開實際行動的個人就好比一般具有字母拼寫能力的人。那作家呢？

哲學家：在這個類比裡，作家應該是能精準做出實際決定的人，也就是說，在判斷現實的個別情況時，總是特別準確。他也可能特別懂得掌握正確的行動原則，在這方面也有過深入思考。不過，也不一定非如此不可。

讀者：哲學家不就是具有這種能力的人嗎？

哲學家：不，我們哲學家花許多時間在象牙塔裡做思考，而花比較少的時間處理外在的行動。如果您想知道，自己是不是該簽訂建築儲蓄合約（Bausparvertrag），我在這裡要勸您，這種問題最好不要請教哲學家。

讀者：那麼，所有各級政府和機關的倫理委員會（Ethikkommissionen）都在做什麼？這些委員會不是都有哲學家參與嗎？如果哲學家對個別的具體情況所做的判斷並沒有比一般人高明，那麼，這些倫理委員會不就形同虛設了嗎？

哲學家：不，我不認為如此。人們有時會把問題丟給不熟悉實際情況的哲學家，不過，即使人們對於該如何行動已經很有把握，哲學家所提供的意見也可能具有建設性。從另一方面看來，一些哲學相關領域的問題，例如醫學倫理學，不但具體的情況很棘手，很難做決定，就連當事人在做判斷時也還搞不清楚，有哪些或該掌握哪些重要的基本原則。

讀者：所以，這類問題應該交由哲學家處理。

第三次討論摘要

哲學家會討論生活應有的方式，然而，我們卻不可以把他們的想法當成指示，而是當成自我思考的協助。哲學能為我們指出一些容易被我們忽略的面向，一些我們經常沒有意識到的關聯性，以及我們通常不當一回事的觀察。哲學家為我們實際的想法建立了原則和秩序，並幫助我們做出正確的行動。哲學家透過其著作協助我們採取正確的行動，他們也是學校的倫理學教師，還投入學界及政治界的倫理委員會的運作。哲學家也跟其他人一樣，會因為意志力薄弱而犯錯，在現實生活中會面臨如何正確解決問題的挑戰。哲學家能對於美好人生的本質做出最敏銳的洞察，不過，他們不一定能活出一個典範的人生。儘管如此，哲學家的洞見至少對於我們經營一個美好的人生是有幫助的，甚至是必要的。

實現願望的人生

讀者：接下來您可不可以幫助我思考，什麼是美好的人生？

哲學家：我想，我們的討論最好能從您的想法出發。

讀者：好的。我認為，如果人們的願望都能夠實現，就可以擁有美好的人生。

哲學家：您這種觀點的反證比比皆是，根本站不住腳。您大概假想一下，假如有一個女孩想成為女機師，因為她相信，這個職業會讓她的生活多采多姿，不只有錢有閒，還可以遊歷許多不同的國家。不過，飛行員這個職業實際上很無聊，雖然可以開飛機到許多國家，卻只能出入當地的機場旅館，而且待遇也沒有原先想像的那麼豐厚。您想想看，如果這位小姐真的如願成為女機師，她真的能夠擁有幸福的人生嗎？

讀者：不會。不過，我剛剛的意思是，願望能獲得滿足畢竟是件好事，前提是，要正確評估相關的情況。如果這位小姐能事先知道女機師確實的工作環境和待遇，就不會有這樣的生涯規畫了！

哲學家：這一點我同意。不過，這裡面還有一些問題：假設有一個男人染上毒癮，雖然他非常清楚毒品會危害身心健康，卻還是無法克制自己，非要繼續吸毒不可。這時如果他想要的毒品真的到手，他會過得比較幸福嗎？您認為呢？

讀者：當然不會。但我認為您舉這個例子並沒有說明得那麼清楚。這名男子雖然想吸毒，可是他並不願意染上毒癮。如果他可以自我克制，不讓自己上癮，那麼，吸毒所帶來的快感確實能讓他的人生變得更好。

哲學家：您如何判斷，達成哪些願望可以讓自己活得比較好，而哪些願望應該行不通？這位吸毒的男人一方面希望能繼續吸食毒品，同時又希望自己不再依賴毒品過生活。

讀者：這的確沒這麼簡單……或許可以這麼說，對於人們而言，能達成最強烈的慾望總是好的。

哲學家：我們可想而知，這名吸毒的男子想要取得毒品的期待已經超過內心不想再依賴毒品的意願。想要吸食下一劑毒品的期待會讓他採取行動，而想要擺脫毒癮的念頭卻無法讓他有任何作為，這種情形是可以理解的。由此可見，他想吸毒的慾望比較強烈。

讀者：是啊，雖然他真的不想再依賴毒品過日子。所以，生活的幸福應該在於實現更多「真正的願望」，而不是最強烈的願望。

哲學家：您剛剛說「真正的願望」是指什麼？

讀者：就是人們真正期待的東西，我沒辦法再做更好的表達了！

哲學家：語言的表達確實不容易，不過，我大概知道您的意思。還有，關於如何減少您未完成的心願，我似乎有個不錯的辦法。

讀者：真的嗎？我現在很想知道。

哲學家：有兩種可行的方法可以把人們內心未完成的願望減到最少量。首先，人們應該試著實現自己的願望，不過，這需要外在環境的配合。依我個人的經驗，如果我要工作輕鬆，又想賺進大把鈔票，就會在現實裡經常碰釘子。

讀者：那第二種方法呢？

哲學家：放棄自己想要的。願望愈少，願望達成的機率就愈高。人們的幸福感取決於願望的實現程度，減少自我的慾望和需求，就能大大提升個人的幸福感。這是個古老的智慧：把自己從慾望的火焰中解放出來，就能完全獲得內在的平靜，這個世界也不會再讓您感到挫敗！

讀者：這樣的答案並不完全符合我的期待。

哲學家：這我能夠體會。不過，我不相信美好的人生是讓人們得到自己想要的東西，或是真正想要的東西。您想想，人們的要求也可能很瘋狂！假設有個女孩子對於生活最深切、最真實的渴望只是成天無所事事，只希望有一天能望著一片長著野草的荒原，慢慢地數算那裡總共長出了幾株雜草。如果她實現了這個願望，是不是就算擁有美好的人生？

讀者：如果她能從中得到樂趣的話。

哲學家：您說這句話並不是認真的。特別是，這種願望完全談不上有什麼樂趣可言，這位女生只是得到了自己想要的東西而已。我實在看不出來，達成這種荒謬的願望能為她帶來什麼益處。甚至還有些人希望實現一些不道德的願望，舉例來說，有的人喜歡虐待貓，而且每天都可以實現這個願望，那麼，這個人的生活真的會變得比較美妙嗎？

讀者：不，當然不會。願望的實現是否能讓生活更美好，還得看那是怎樣的願望。

哲學家：沒錯！全看願望本身的好壞而定！所以，生活的幸福跟願望有沒有實現比較沒有關係。

讀者：為什麼會這樣？

哲學家：我們的生活如果有正面的收穫，我們的人生就會比較美好，這跟周遭的人事物是不是符合我們的期待無關。從反面來看，不管願望有沒有達成，負面的東西並不會讓人們活得比較幸福。也就是說，人生幸福的關鍵並不在於我們的願望是否實現，而是我們能否獲得正面的東西。

讀者：我好像懂了！不過，我們又得回到原來的問題：什麼是對人生有益處的？

哲學家：沒錯！就是這個問題！在這方面，我們需要有新的想法。

第四次討論摘要

獲得自己想要的東西，就算是美好的人生？如果人們這麼認為，就會有兩種人生真相挑戰：第一，似乎只有充分掌握資訊的人實現自己真正期待的願望，才會獲得生活的幸福感。第二，人們可能會因為願望達成而受到傷害，過著失敗的人生。相反的，一些我們沒有懷抱且正向的願望，卻可以讓我們的人生更美好。總之，完成自己的願望是否可以為我們帶來美妙的人生，似乎得看我們的願望是否具有正面價值。我們的願望愈少，願望達成的機率就愈高，因此，減少慾望或多或少可以為生活帶來一些慰藉。

快樂的人生

讀者：我們究竟該怎麼探索關於幸福人生的問題？

哲學家：我們可以直接觀察，人們實際上想得到什麼？想達成什麼？人們的願望可以反映出人們的價值觀，接下來我們只需要檢驗，這些願望的實現是不是真的會帶給人們幸福就可以了！況且，什麼是人生真正的幸福，我們心裡已經有譜。

讀者：這聽起來很簡單，實際上人們總想要擁有自己沒有的東西。一下這，一下那，人們要怎樣才會安於生活現狀？

哲學家：身而為人，我們只是在尋找「內在的善」（intrinsische Güter），也就是對於自身內在有價值的善，畢竟我們都想知道，什麼是創造美好人生的條件。相對於「內在的善」，就是所謂「工具的善」（instrumentelle Güter）。當人們想獲得某些東西時，大多不是為了東西本身，而是把這些東西當成一種達成美好目標的手段，例如，金錢就是一種「工具的善」。

讀者：您的意思是，人們往往不清楚自己跟金錢的關係，只知道可以透過金錢這個工具獲得自己真正想要的東西。雖然我有時會覺得，人們甚至已經忘記，金錢其實只是一種「工具的善」。

哲學家：我偶爾也會有這種感覺。我曾經問過一個人，為什麼他一定要拚命賺錢？他的回答讓我大吃一驚。他說，他想賺很多錢是為了買下出租公寓。當我再問，為什麼想擁有出租公寓？他則回答：當然是為了當包租公。

讀者：這樣賺錢顯然是沒有意義的，除非財富本身能為他帶來樂趣！

哲學家：這或許會讓您想到迪士尼卡通那隻喜歡在錢堆裡翻滾和數錢的唐老鴨。

讀者：如果我的想法沒錯的話，人們所有的努力終究是為了增添生活的樂趣，這對於「什麼是美好的人生」這個問題來說，不見得是不好的答案。

哲學家：有些哲學家真的相信，人生要充滿樂趣才算得上幸福。

讀者：沒錯，這種說法我也聽過。這些哲學家就是所謂的「享樂主義者」（Hedonist）嗎？

哲學家：是的，Hedonist 這個字詞源自希臘文 hêdonê，也就是「樂趣」的意思。享樂主義者主張，快樂是人類唯一的內在善。

讀者：那麼，您是享樂主義者嘍？老實說，您在這個象牙塔裡的生活，一點都不像享樂主義者。

哲學家：有何不可？您認為充滿樂趣的生活怎樣的？

讀者：嗯，首先我會想到一種比較逸樂奢侈的生活方式：鋪張地大擺宴席，大吃大喝，性放縱等。

哲學家：我不確定，這類活動是不是會破壞樂趣的平衡（Lustbilanz）。痛快地豪飲會造成頭痛和胃部問題。性放縱雖然能帶來許多快樂，也可能導致一些負面的後果。狂歡之後往往會出現強烈的空虛和鬱悶，因此，古希臘哲學家伊比鳩魯（Epikur, 341-279 B.C.）這位享樂主義的代表人物，反而建議大家應該過著苦行修道的生活！

讀者：那生活就太乏味了！

哲學家：無論如何，伊比鳩魯的說法確實出乎意料外。除此之外，享樂主義學派還有一些奇怪的言論，您聽過十九世紀英國哲學家席吉維克（Henry Sidgwick, 1838-1900）提出的「享樂主義的弔詭」（paradox of hedonism）嗎？

讀者：不知道，那在說什麼？

哲學家：這位哲學家認為，人們不應該在生活中直接追求最多的快樂。以遊戲帶給人們的樂趣為例子吧！如果玩遊戲時，把全部心力集中在樂趣的最大化，這種預設的心態不只讓人無法完全融入遊戲當中，還會鈍化，甚至讓人無法感受到遊戲本身的趣味性。

讀者：聽起來好像很有道理。不過，我心裡倒是有個疑問：快樂的多少該如何測量？

哲學家：英國效益主義哲學家邊沁（Jeremy Bentham, 1748-1832）曾表示，人們可以依照快樂的強度和持續的時間長度來測量快樂的多寡。他所代表的觀點就是「量化的享樂主義」（quantitativer Hedonismus），不過，要把獲得的快樂確實量化，實際上卻相當困難。比方說，人們在冬天泡熱水澡是不是比讀到一首好詩感受到更多的愉悅？

讀者：這確實很難比較，而且人們或許還應該考慮到快樂的品質等級？

哲學家：是啊，另一位效益主義者彌爾（John Stuart Mill, 1806-1873）便提出「質化的享樂主義」（qualitativer Hedonismus）來修正邊沁的主張。他認為，人們不只得考慮快樂的強度和延續性，還必須考慮快樂的品質高低。順便一提，彌爾的父親是邊沁的好友，彼此很有交情。

讀者：那麼，我們該怎麼判斷，哪些樂趣有較高的品質，而哪些樂趣的品質比較低等？

哲學家：彌爾建議，如果人們想要比較泡熱水澡和讀詩這兩種樂趣的品質高低，就必須詢問有過這兩種愉悅經驗的人，而且他們必須心思細膩，沒有先入為主的觀念，立場能盡可能保持客觀。然後就會有人表示，比起泡熱水澡，閱讀詩歌對於人們來說，是一種更高等的快樂。

讀者：我覺得這個說法聽起來有些獨斷。我知道許多人對於詩歌根本一竅不通，我猜，他們寧願去泡個熱水澡來享受生活。

哲學家：因為這些人不懂詩歌的美，無法從中獲得樂趣，所以，他們也沒有資格評斷讀詩的樂趣。

第五次討論摘要

「內在的善」就是事物本身具有價值的善；「工具的善」只有成為有價值的目標的工具或手段時，才算是有價值的善。根據享樂主義的觀點，快樂是人類唯一的內在善。為了盡量達成快樂的平衡，或許人們必須在生活中刻苦，而且最好不要直接追求快樂。量化的享樂主義者認為，人們可以根據快樂的強度和持續性來計算快樂的多寡；質化的享樂主義者則認為，快樂不只有量的差異，還有質的差別。人們如果要評斷某種樂趣的品質高低，就必須對該項樂趣有透澈的體驗，而且不可以有先入為主的偏見。

對於享樂主義者的三個質問

讀者：我覺得快樂品質的參差不齊讓我們無法完全掌握什麼是快樂。快樂到底是什麼東西？

哲學家：這是個好問題。有些人可能會說，這世上幾乎沒有一樣事物能真的被視為「快樂」，我並不同意。您現在不妨回想一下，當您擁有一些愉悅的經驗時，例如吃到美食、和朋友打屁聊天、欣賞一幅優美的繪畫和增長見識等，內心是否都出現相同感覺？

讀者：或許吧！因為這些人事物都是我們重視的。

哲學家：就是這樣。愉悅感（Lustgefühl）會出現在我們所有的愉快經驗裡，而且還讓這些形形色色的體驗變得有價值，不是嗎？

讀者：人們應該知道，愉悅感還會以非常抽象的形式出現。

哲學家：現在暫時不談愉悅感，先討論享樂主義者還要面對的另一個問題：人們的樂趣是不是都是正面的？

讀者：這有什麼好質疑的？

哲學家：請您想一下，有的人會藉由虐待他人來讓自己開心。難道這種樂趣會讓他的人生向上提升？還是更容易向下沉淪？

讀者：我覺得這很難說。如果他去折磨別人，或是藉由凌虐他人來獲得快感，這些當然都是不好的行為。不過，對他本身來說，他所感受到的快樂還是正面的。

哲學家：真的嗎？如果他不透過折磨別人來獲得樂趣，反而違逆自己的意願或出於自己錯誤理解的責任感行事，那麼，他的生活會不會比較幸福？無論如何，人們當然應該在正確的事物上感受到快樂，只不過我們還不確定，樂趣是不是屬於內在的善。

讀者：這麼說來，我們又必須各自解釋，什麼東西是正確的。我們原先還以為，只有快樂本身是正面的。

哲學家：不是吧！

讀者：您是這麼說的，不過，我倒很樂意聽聽您的說法。

哲學家：美國哲學家諾齊克（Robert Nozick, 1938-2002）在哈佛大學哲學系教書時，曾經設計一個思考實驗，這個實驗的目的在顯示，人類其實不只看重快樂。假如您是受試者，這個思考實驗是這麼進行的：請您自行冥想，有人願意把您跟一台機器做連接，一旦連上線，這個機器就能讓您的人生充滿樂趣。您可以想像它是一部超級電腦，經由刺激您的神經末梢來迷惑您，讓您完全無法分辨自己是在真實的還是虛幻的世界。請問，您願意接受這種科技服務嗎？

讀者：您是指人類的生活其實可以由電腦程式主導，就像科幻電影《駭客任務》。

哲學家：對！電腦可以保證人們確實生活在充滿樂趣的理想世界裡。一旦人們置身在這個虛擬世界，甚至可能沒有機會再回過神來明白，其實那不是真實的世界。要讓人們進入虛幻的世界並不是難事，或許只需要在大腦記憶區稍微動一下手腳就可以了！

讀者：問題是，就人類的喜好來說，虛擬而充滿樂趣的生活是不是勝過真實的、樂趣較少的生活？我就不喜歡受到外力的操弄。

哲學家：為什麼不？

讀者：因為對我來說，生活不只有愉悅感，真實的感受也很重要。我對於自己想法的正確性倒是感到前所未有的自信。

哲學家：那麼，我們應該再繼續談幾個跟愉悅感無關、卻發生在真實世界裡的具體例子。

讀者：請等一下，讓我先做個筆記。

第六次討論摘要

享樂主義者必須處理以下三組問題：①愉悅感到底是不是特有的感受，可以讓所有相關經驗變得有價值嗎？快樂到底是不是一種感受？享樂主義者所認同的內在價值到底是什麼？②所有愉悅感真的都有價值嗎？與愉悅感相關的東西也都具重要性嗎？③只有愉悅感對我們具真正價值，還是其他東西對我們也很重要？

遠離享樂的生活

哲學家：請您觀察一下投入社會服務的人，他們為別人的付出絕不是為了自己的愉悅感。

讀者：真的嗎？有些人在幫助別人時，心裡會覺得很舒服。如果他們不願伸出援手，至少內心會感到不安，幫助別人反而可以讓自己脫離這種窘境。

哲學家：您的說法並沒有涵蓋事實全部：我們可以假設，您現在為自己設下目標，想改善家鄉遊民的生活條件，您認為以下兩種情況，哪一種對您這個服務者比較恰當？第一種：您相信您的努力可以改善遊民的處境，而對此感到開心，雖然實際的情況甚至因為您的投入而惡化。第二種：您相信您的投入沒有效果，甚至讓情況更糟，因而對此感到鬱悶，雖然遊民的生活因您的付出而有顯著的改善。

讀者：如果我做這方面的社會服務，最理想的情況當然是我的參與能夠有實質的成效，我也會因此感到高興。不過，我知道，您的意思是：如果我真心關懷無家可歸的遊民，那麼我會比較贊同第二種情形而不是第一種。是嗎？

哲學家：沒錯！許多幫助別人的人確實是在關注別人的舒適與福祉，不是只注重自己的感受。父母在擔憂孩子時所表現的親情或許就是最好的例子。

讀者：您認為，父母關照子女時，就是一種無私的付出，他們在乎的是子女是否成長，而不是自己開不開心？

哲學家：您可以再想一想，當您在教育孩子時，您會比較喜歡哪一種情況：您認為，孩子的教養方式應該對孩子有益，雖然這讓您覺得很辛苦，一點不愉快；或者，您認為，應該採取讓自己覺得輕鬆舒服的教養方式，雖然這對孩子有害。

讀者：當然，人們應該會選擇第一種方式。當我們在付出關懷時，自己能不能感受到快樂畢竟是次要的。

哲學家：在這種情況下，確實有些人會從幫助別人這件事上獲得喜悅，因為他們覺得，利他的行為本身是重要的，這跟服務他人所獲得的愉悅感無關。他們如果能夠真正幫助別人，心裡就會感到高興，因為助人本來就是一件好事。不過，助人者如果想透過利他來獲得自己的快樂，因而認為助人就是好事，這就令人無法苟同了！

讀者：助人的樂趣應該在於別人接受我們的幫助時，所獲得的喜悅。

哲學家：正是如此。通常在理想的情況下，開心和喜悅會隨著服務他人而出現，不過，獲得這種愉悅感對於服務者而言是附帶的，並不重要。

讀者：除此之外，您還想到什麼例子？

哲學家：例如，人們會重視自己跟好友、愛人和親屬的關係，至於這些關係有多重要，就看個人對於這些人的情感強度而定。比方說，您可以試著問自己，您覺得這些人對您而言是重要的，還是真的很重要？

讀者：我還是要說，這兩種情形都有。如果人們只想受到別人的歡迎，卻因為不懂得無私的付出而無法獲得別人真心的喜愛，這樣的人生當然就會缺少一些重要的東西。不過，反過來說，如果人們真心幫助別人，對別人有所貢獻，卻沒有獲得別人溫情的回應，這種人際的互動也不理想。

哲學家：那當然！但話說回來，我們在幫助別人時，不能只考慮自己在助人時所獲得愉悅感，而是要看自己與接受幫助的對方是否真正有情感的交流，例如關愛或友誼。

讀者：您的意思是，美好的人生不只是要充滿樂趣，還必須跟周遭的人建立健全的關係？

哲學家：對我來說，健全的人際關係是優質生活非常重要的部分。如果您現在問自己，什麼東西會讓生活變得更美好，那麼您肯定會這麼說：大部分讓生活變得美好的事物都跟人際關係有關。

讀者：確實如此。

哲學家：因此我們可以了解，為什麼人類會賦予情愛、友誼和家庭這麼高的價值，而且都希望能跟別人和睦相處。

讀者：不過，比較深居簡出的生活是不是也算優質的生活？您現在不就生活在這個象牙塔裡？

哲學家：就是啊！我們哲學家總是重視生活中的洞察、認知和沉思，我們當然是最後一批懷疑這種生活方式的人。

讀者：在象牙塔的生活就是在享受求知的樂趣？

哲學家：對呀！不過，我們又得回到前面我們討論過的觀點：生活幸福的關鍵並不僅是獲得樂趣。

讀者：這次就讓我來說說它的理由吧！關於知識的求取，我們會在乎兩種不同的情況：第一，我們是不是一味地相信自己已經認知到什麼，不過實際上卻還不明白；第二，我們是不是真的認知到什麼。如果我們只看重獲得新知識時的那股愉悅感，那麼這兩種情況對我們來說，就沒有差別。

哲學家：完全正確！除了掌握新知識所帶來的愉悅感外，我們也很看重知識、學問和智慧本身的價值，或許還包括藝術在內。

讀者：為什麼是藝術？這讓我聯想到，藝文主要和獲得快樂有關。前面我們還曾經以閱讀詩歌為例，那的確是可以讓人們感到愉悅的活動。

哲學家：美感的享受確實是享樂的一種，不過，許多人會說，藝術不只關於人們的樂趣，它還包涵了知識。藝術作品能讓我們大開眼界，並且引領我們用不同的眼光來認識這個世界。坦白說，光是這個主題就可以讓哲學界開一場專題研討會了！

讀者：我非常贊同，藝術是美好的人生不可缺少的一部分。不過，我還會問自己，如果許多東西本身是美好的，那麼，優質的人生是否該全部擁有它們？一個人不可能是退隱的學者，同時又是活躍於公開場合的慈善家。

哲學家：每個人在他的人生過程中會經歷和獲得許多不同的東西，因此，美好的人生不會只有一種模式。一個人在生活中如果沒有樂趣、沒有洞察與理解、沒有良性互動的人際關係，這樣的人生大概沒有幸福可言。人們當然應該追求這些生活的美好，但卻不應該要求人們的生活一律符合某個典範，我想，這才是重點所在。人類的生活存在許多不同的方式，如果能讓社群中的個人依照自己的意願來實現各種價值，所謂優質的生活就會出現一些個別不同的成功模式。

讀者：如果您想試著說服我，這世界上只有一種正確的生活方式，老實說，我還會有點驚訝！

第七次討論摘要

即使人們考慮到，快樂具有各種不同的形式，它似乎不是人間唯一具有內在價值的東西。個人的私誼（例如，情愛和友誼）、他人的福祉以及知識本身也跟快樂一樣，都具有同等的價值，人們如果能夠實現這些價值（或者其他價值），就能擁有美好的生活。那麼，我們該如何實現美好的生活？該以什麼作為美好生活的重心？這些問題並沒有標準答案，畢竟這世界存在許多通往幸福的道路。

從倫理層面到道德層面

讀者：我想，我現在對於哲學怎麼回答人們該如何過生活的問題，已經有比較清楚的了解。

哲學家：我們在前面只談到最基礎的部分。如果我們把享受樂趣的生活、主要與人際關係有關的「社交」生活，以及追求知識和智慧的「私人」生活都當成美好的生活方式，並且比較這三種生活，我們就會發現，它們的差異並不大。人們其實早就知道，自己該欽佩哪些人？該追隨哪些典範？

讀者：您在此是指講究吃喝玩樂的男人、女慈善家和智者？

哲學家：沒錯。不過，哲學家感興趣的問題卻是所有生活的美好應該處於什麼確切的狀態：到底什麼是快樂？在美好的生活中，它應該扮演什麼角色？有哪些不該逾越的界線？人際關係的本質是什麼？這些關係應該處於什麼狀態？知識對於美好的人生具有什麼意義？特別是古希臘哲學家，如柏拉圖和亞里斯多德，都曾經鑽研過這些倫理學問題。每個人都想擁有幸福的人生，然而，幸福的人生該是什麼樣子，大家卻不太清楚，哲學在這裡正好可以大顯身手！

讀者：不過，哲學並沒有告訴我們應該如何行動，才能達到所有幸福的指標，是不是？

哲學家：哲學所給予的人生指引是屬於抽象層面的。您現在可以回想一下，我們在前面談論過人們會犯錯的兩種可能方式。

讀者：因為人們不知道什麼是正確的，或者比方說，人們因為意志力薄弱而無法實踐自己認為對的事情。

哲學家：也就是說，人們首先必須認知，在普遍和個別的情況下，什麼是正確的。而且在達到清楚的認知後，個人的性格還要有付諸實行的行動力。簡短地說，人們必須夠聰明且意志力要堅強，要有性格上的優點，如此一來，當然就可以「起而行」……

讀者：我現在比較想知道的是，哲學是不是能具體告訴我，該如何生活才能擁有充滿樂趣的、受人歡迎的、有成就的人生？

哲學家：哲學在這方面恐怕幫不上忙。如果您想知道，人們如何才能獲得最多的樂趣，那麼，您最好去翻閱像食譜或性愛指南這類實用的書籍，而不是閱讀享樂主義者的哲學著作。如果您想知道該如何交朋友，那麼來自心理學的幫助肯定會多過亞里斯多德的學說。如果您想讓別人活得更好，現代經濟學與政治學應該會比柏拉圖的著作有用。不過，如果您想了解快樂、友情和利他的本質以及經營幸福人生的重要性，那麼，您就該親近哲學！

讀者：您知道嗎？從我們交談到現在，一直有個問題在我腦海裡盤旋：到目前為止，我們所做的討論似乎都贊同跟別人接觸並建立關係會讓我們的生活更加美好，而且這些人大多是我們的家人、親屬、情人、朋友以及我們想要服務的人。不過普遍看來，人與人之間不是經常為了不同的利益而發生衝突嗎？人們經常為了達到自己的目標而把別人踩在腳底下，因為好處不是你得到，就是別人得到！

哲學家：一些古希臘哲學家曾在他們的倫理學著作中指出，個人美好的生活其實和群體美好的生活息息相關。柏拉圖就認為，如果我對別人不公不義，我的生活勢必也會受到不好的影響，也就是說，自己不正當的行動會干擾自己內在心靈的秩序和完整性。

讀者：您是說，如果我傷害別人，到頭來我自己也會受到傷害。

哲學家：沒錯，而且還不只因為個人不正當的作為大多會遭到社會的杯葛，或者，會有審判來懲惡揚善，不論是在此世或來世。哲學家們倒認為，惡行本身就是一種處罰，它會讓品性惡劣的人沒有能力經營美好的生活。至於端正的行為，它的報償就是美好的生活本身，只有擁有美德的人才能過這種生活。

讀者：但是，世界上卻有一些惡棍對於自己無恥的行為竟然感覺良好，沒有絲毫罪惡感。

哲學家：或許有這樣的人，不過應該很少才對。特別是我們已經注意到，良好的感覺並不是幸福人生的唯一指標。惡徒們不一定覺得，他們把自己的人生搞得一團糟；不過這並不表示，他們沒有把自己的人生搞得一團糟。

讀者：因為他們對待別人很惡劣，所以生活也連帶地變得很糟糕？

哲學家：是啊！柏拉圖甚至認為，遭受不公義的對待總強過用不公義對待別人，因為遭受他人的傷害還是低於傷害他人後，自己所遭受的負面效應。個人美好的生活和社群美好的生活基本上沒有衝突，反而彼此相互依存。群體的生活能發展出正確的模式，而每個個體都能在其中恰如其分地扮演自己的角色，這就是個體和群體之間最好的互動方式。

讀者：這種說法會不會太過樂觀？人們通常透過傷害別人來獲得自己的好處，這在現實生活裡屢見不鮮。不然，這世界就不會有衝突了！

哲學家：您這番話等於是在問我，對於個人而言，什麼是美好的人生，以及自己美好的人生和別人美好的人生存在著什麼關係？我覺得，人們通常對於自身幸福的想法都過於狹隘，往往認為別人的幸福跟自己的幸福完全無關，所以人與人之間才會出現衝突。

讀者：還是說，古希臘哲學家對於自身幸福的想法過於宏觀？

哲學家：這很難說。柏拉圖和亞里斯多德這兩位哲學家在世時曾極力主張，只有活出美德和操守的人生才是美好的人生，他們也為了讓這些見解具有說服力而付出許多努力。不過，他們這種關注自己的人生就必須去關注別人的人生的論調，和他們同時代人們的實際經歷，存在著很大的落差。

讀者：誰說世風日下？從前的人其實沒有比現在的人還要好。

哲學家：近代與現代的道德哲學在討論關於個人的幸福時，都採取比較狹義的觀點，而且從利己的角度出發，因此處理人際之間的利益衝突，就成了人們該如何正確待人處事的出發點。這些哲學家的討論主要聚焦在人們對彼此負有什麼責任，至於「我們到底該如何活著」這個較為廣泛的問題，就比較受到忽視。

讀者：我覺得，我們應該先釐清，人們是否對彼此負有責任？

哲學家：您的意思是說，道德的存在應該有個依據的理由。或是說，人們必須試著了解道德的結構，搞清楚哪些是基本的道德要求，哪些不是。是這樣嗎？關於這個主題，我建議您不妨留到明天再做討論。

讀者：我很期待明天的對談！

第八次討論摘要

古希臘倫理學曾試圖回答「什麼是美好的人生」這個問題。快樂的本質是什麼？快樂在美好的人生當中扮演什麼角色？人際關係的本質是什麼？我們跟別人的關係有什麼重要性？知識能發揮什麼作用？如果我們想過幸福的人生，就必須聰明地找出可以為人生帶來幸福的方法，而且還要有堅定的性格實踐它，換句話說，人們如果想要經營美好的生活，就必需擁有性格的優點。依據柏拉圖的看法，個人的福祉和所有人的福祉之間有種原則性的和諧關係，品行不好的人在傷害別人的同時，也在傷害自己本身。當代道德哲學則採取相反的立場，它以人際之間的利益衝突為出發點，因此，「人們是否對彼此負有責任」這個問題就成為這個哲學領域的決定性議題，至於「我們到底該如何活著」這個傳統的倫理學問題就比較被當代道德哲學家忽視。

星期二

人們應該如何相處？

基於利己的道德

哲學家：我們昨天稍微提到，是否人們對彼此負有責任，以及道德的要求是否有充足的根據這些問題。昨天我們還談過，正確地待人接物是美好的人生非常重要的部分，不過，我們在討論道德時，並沒有從這個觀點出發。

讀　者：我現在真的很好奇，歷來的哲學家在這方面有過什麼看法？畢竟人們在人生的過程中會不斷碰到這類問題：搭捷運時，該乖乖買票，還是逃票？該老老實實地繳稅，還是想辦法逃稅？應該公正地對待別人，還是要抹黑對手？在此，我想簡單表明自己的道德立場，那就是我們必須確實做到道德的實踐，即使必須賠上自己的利益。

哲學家：我認為，基本上可以透過三種研究方法來找出道德存在的依據：第一種方法剛好我們昨天提過，也就是美好的人生在於自我願望的實現，以及自我樂趣的極大化。不過，這還要需配合一個基本的觀念：如果要讓人生盡善盡美，人們就必須實踐道德。

讀　者：關於這一點，我比較不明白。這聽起來好像人們如果要遵守道德，就必須放棄什麼似的。

哲學家：我覺得，此處我必要舉例說明。您聽過「囚犯的困境」（Gefangenendilemma）嗎？

讀者：沒聽過，那是在說什麼？

哲學家：假設現在發生一樁刑事案件：東尼和克里斯在準備展開武裝襲擊時，卻被當場逮捕。

讀者：真倒楣！

哲學家：我還沒說完。依據這兩人所留下的事證，他們頂多只是違法持有槍械，檢察官還無法舉證他們是不是有突襲他人的意圖。如果是武裝攻擊，東尼和克里斯會被處以十年有期徒刑，而違法持有槍械只要一年。到底什麼是真相？承辦這件刑案的檢察官現在倒有個主意。

讀者：檢察官為了讓案情水落石出，他希望這兩個人互咬？

哲學家：那還用說！檢察官跟克里斯保證，如果他揭發東尼的犯罪實情，而且東尼沒有說出任何不利於他的證詞，他就可以轉成汙點證人，不須負任何刑責，至於東尼就必須坐牢十年。如果他們兩人都供出不利於雙方的證詞，那麼兩人都可以獲得減刑，不過，會被判處八年的有期徒刑。當然，檢察官在訊問東尼時，也做了相同的交換條件。

讀者：好惡劣哦！那現在這兩個人都在考慮，該怎麼對待對方？

哲學家：令人驚訝的是，一方是否招供，竟然完全不會影響另一方的選擇。我們先討論克里斯的角色：他心裡會猜想，到底東尼會守口如瓶，還是出賣他？如果東尼真的出賣他，他就有兩種選擇：承認犯行刑責較輕，只需吃八年的牢飯；或是保持沉默，必須在牢裡蹲十年。他心裡衡量了一下，還是決定承認好了！

讀者：如果東尼守口如瓶，硬是不漏半點口風，那會怎樣？

哲學家：那麼克里斯也有兩種選擇：說出不利於東尼的證詞或是保持沉默。如果他在東尼保持沉默的情況下，背叛東尼，他便毫無刑責，如果他也選擇不說話，那麼，檢察官就沒有證據可以對他們武裝攻擊進行起訴，只能以非法持有槍械起訴他們，而他們只會被判一年的有期徒刑。在權衡不用坐牢和坐牢一年這兩種下場後，他還是覺得出賣東尼比較好。

讀者：其實東尼招或不招都不重要，因為對克里斯來說，老老實實地招供會有比較好的結果。當然，東尼的想法和處境也和克里斯一樣，對不對？

哲學家：沒錯！他們都依理智行事，最後兩個人都選擇認罪，因此都要入監服刑八年。

讀者：如果他們都選擇不漏半點口風，就只要蹲一年的牢房，那不是更理智嗎？

哲學家：所以，這種情況就被稱為「囚犯的困境」：一方面對這兩人來說，供出不利於對方的證詞似乎是比較理智的做法。從另一方面來看，雙方如果能同心合作，對於犯案的實情守口如瓶，那麼，他們的刑責就更輕了！不過，雙方通常都無法不約而同地讓自己表現得更冷靜，做出更明智的決定。

讀者：我們是不是可以說，從群體的角度來看，雙方合作是比較理智的選擇，至於不合群的行為則是出於個人利益的考慮？

哲學家：不，個人的利益不是關鍵，因為每個人都覺得八年的刑期比一年還糟糕。

讀者：那麼，這兩個人該怎麼做決定呢？

哲學家：如果真的要在「雙方互咬」和「雙方都保持沉默」之間做選擇，當然，閉口不說是比較理智的決定。不過，這兩個人當時只能選擇「自行招供」或「自行封口」，無法約束對方採取一致的行動。所以，招出實情實際上是明智的，畢竟八年刑期還比十年刑期輕一些。事實上，這不是什麼困境，它根本就是很糟糕的情況。

讀者：如果雙方能事先商量好呢？

哲學家：這個問題恐怕還是無法解決。您想想，即使檢察官願意給他們時間協力合作，讓雙方可以事先約定好，對於犯行一律守口如瓶，但當他們各自回到自己的牢房時，會不會變卦？他們獨處時難道不會自問，是不是真的要遵守雙方的約定？

讀者：那麼，情況其實又回到雙方還未商量之前的樣子，因為對個人來說，不信守約定是明智的。這個故事真悲哀！您為什麼要跟我說這個故事？

哲學家：因為有些哲學家認為，一個沒有道德的社會就是類似這種情形。您或許聽過霍布斯（Thomas Hobbes, 1588-1679）提出的「自然狀態」（Naturzustand）的概念？這位十六、十七世紀英國政治哲學家認為，在自然狀態中，人對人就像狼對狼……

讀者：也就是說，人與人之間處於敵對的戰鬥狀態？

哲學家：這種敵對狀態就好像我在「囚犯的困境」所描述的情形。我們想想，在一個沒有道德的社會裡，人人卻一樣強壯和聰明，沒有人擁有先天的優勢，每個人都有同樣的生存實力，即使資源不足夠，人人都還想為自己爭取。每個人心裡都會盤算，是不是要攻擊別人？還是應該彼此和平共存？接下來的情形就像「囚犯的困境」：別人不是具有侵略性，就是不具有侵略性。別人如果有侵略性，最好自己也要有侵略性，不然會無法自保；如果別人是平和的，最好自己還是要有侵略性，因為可以趁別人沒有防衛的情況下，搶到更多利益。不管別人的態度是好是壞，攻擊別人總是比較明智的做法。

讀者：每個人都這麼想，所以才會出現相互攻擊的戰爭。如果大家能和平共處，這個世界的狀況就會好轉許多，不是嗎？人類真是可憐！

哲學家：那當然！因此，霍布斯認為，人類應該想辦法為這種自相殘殺的情況找到脫困的方法。

讀者：不過，我們剛剛不是說，這方面並沒有比較明智的解決之道？因為對於所有人來說，保持侵略性對生存比較有利？

哲學家：對！我們只要觀察一個人和他人隔絕時，所下的決定就知道了！不過，如果我們考慮到，人與人之間其實在許多層面上是相互依賴的，那麼，我們對於別人的態度就會發生根本的轉變。請您再回想一下克里斯和東尼的案例。您覺得，他們真的會背叛對方嗎？

讀者：如果他們希望以後還有機會再一同犯案的話，就不會想出賣對方。

哲學家：就是這樣！這正是他們心裡的盤算。如果他們以後不會再有瓜葛，他們會為了自己的利益而出賣對方。不過，現實世界的情況大多不是這樣。請您想想，生活在農業時代的人，每次田地要收成時，都需要別人幫忙，個人在獲得人力支援後，會承諾前來幫忙的人，如果自己的農作物要收成時，他也會幫忙採收。請問，當他得到人力的協助後，是否還願意信守承諾？當別人需要勞動力時，他是否也願意付出？

讀者：要付出的當下當然覺得很討厭，不過，如果下個年度他還想得到別人的幫助，就必須懂得付出。

哲學家：是啊！這種互惠的方式很理智，是「一環扣著一環的」互助策略。

讀者：可不可以再說明一下？

哲學家：人們會先合作，然後再看看別人是不是也願意付出。如果對方也願意付出，那麼這個互助的模式就會持續下去。如果對方不願意付出，這個互助模式就會終止。長期看來，互助互惠的合作方式最有利於群體的生存，人們甚至可以用數學來證明它的成效。

讀者：我了解了！只要互助的對象也願意付出，人們就應該盡可能地遵守這項遊戲規則。

哲學家：這個方式也可以讓人們脫離相互傷害的「自然狀態」。人們會和願意合作的人攜手合作，不願意合作的人就被排除在互助互利的圈子外。

讀者：我們應該注意到，沒有人希望自己被隔絕在群體外，沒有人希望自己是局外人。

哲學家：那還用說！當人們被迫退回「自然狀態」的單打獨鬥，就會面臨實際生存的困難。因此，和別人合作是明智的，這也是道德存在的理由。

讀者：您說得太快，我都跟不上了！人際的合作跟道德有什麼關係？

哲學家：我們可以這麼說，社會的道德規範可以反映出人際合作的條件，例如，人們應該信守承諾，應該合理分配利益等。團結或許就是「己所不欲，勿施於人」這種社群關係的金科玉律。如果有人不想遵守這個遊戲規則，就不適合參與合作，就會被團體排除。

讀者：難道道德的存在是基於人類互助合作的必要性？

哲學家：這個說法不就表示，遵守道德規範對大家是有利的！如果完全從自私的立場來談，一個人如果言行不道德，長久下去總會傷害到自己。因此，人們光是基於自私的理由，就應該遵從道德規範。這種說法可以解釋，為什麼道德雖然還是有爭議性，卻可以讓我們獲得一個完全沒有爭議的價值，也就是保護自己的生命，並改善自己的生活狀況。這種說法確實很有說服力！

讀者：不過，我們該怎麼解釋有些人經常會違反道德規範，最後損害了自己的利益？

哲學家：這很簡單，因為這些人並不明智。他們為了獲得眼前的資源而算計別人，最後不見容於自己的合作團隊。長期來說，這種短視近利的作法，只會給自己帶來更多的危害。如果他們當時的行為端正，就會有比較好的處境。

第一次討論摘要

一個沒有道德的社會就像眾人集體陷入「囚犯的困境」：個人基於自私自利的立場而彼此爭奪資源，人們因而相互攻擊，處於敵對的爭鬥狀態，不願和別人合作。然而，人們一旦考慮到，社群成員之間必須持續性互動，就會在互助合作中看到自己的利益。只要互惠的對象也願意付出，人們就應該遵守這項互助互利的原則，這也是基本的道德規範。如此一來，個人的生活也因為群體的合作而獲得改善。

一個謬誤的道德理由？

讀者：如果有人不肯遵守群體的遊戲規則，而且違規行為還被別人發現，他就會遭到處罰，不是嗎？不過，搭車不買票只要不被抓到，就可以占到便宜。

哲學家：當然。如果要制止人們搭霸王車的歪風，就必須讓違規的人面臨夠大的風險，也就是說，被抓獲的當事人所面臨的懲罰必須非常嚴厲才行。英國哲學家霍布斯就曾說過，個人會因為他的脫序行為而被社群孤立，這是很糟糕的人生處境，因此，承擔犯行被揭發的風險絕對不值得。

讀者：簡短地說，違規和違法不值得，這當然是很好的道德理由。但是我認為道德的依據不該只遵守群體遊戲規則的必要性。該怎麼說？總之，應該要有較多的理想性。

哲學家：我想，我明白您的意思。我認為，我們可以更準確地說，互惠互利的原則並不是為人應該有品行、有操守的根本理由。例如，如果我問您，為什麼我不可以偷別人的東西，您會怎麼回答？

讀者：因為行竊會造成別人的損失。

哲學家：正是如此！不過，人們如果接受我們剛剛談論的道德存在的理由，就可能會有不同的看法。他們可能會說：不可以偷竊，因為可能會被處罰，到頭來自己也成了受害者。這個說法當然有道理，不過卻不是我們現在所要指出的道德存在的要點。

讀　者：是啊！我們可以說，合作互利的想法可以導出正確的道德行為，不過卻不是正確的道德理由。

哲學家：對！而且這種道德觀的錯誤在於，其道德理由只著眼於道德所帶來的好處。人們也會覺得這並不符合道德的本質，似乎道德的誡條不該只是外在的義務，應該是個人內在的發動。即使遵守道德對我們有益，但是就像人們說的，道德是無條件的，是絕對的。

讀　者：而我們剛剛所談到的道理由似乎沒有提到這點。

哲學家：除此之外，我們所談論的道德理由，無法在實踐的層面上得出完全正確的結果。您或許會問，我們對誰負有道德義務？

讀　者：我們大概對每個人都負有道德的義務吧！

哲學家：也許是吧！人們可能會這麼想。不過，在我們剛剛討論的道德模式中，只需要對可能的合作對象有得體的言行舉止，至於其他人，就完全無所謂了！

讀　者：您是指兒童、老人和病人？

哲學家：沒錯，甚至還包括所有在時間和空間上跟我們相距遙遠的人們，例如，未來的世代和他國的人民。此外，或許我們對於非人類的生物也有某種程度的責任（比方說，不要虐待牠們）。不過，牠們也都不被考慮在內。

讀者：通常跟我們有互利關係的人如果投身社會服務或動物保育工作時，我們也必須連帶地考慮這些受他照顧的人或動物的利益——至少透過間接的方式。

哲學家：這點我同意。如果我把某人當成重要的合作夥伴，而他為了照顧別人付出許多心力，雖然這些接受照顧的人跟我並沒有直接的合作和互惠關係，我也應該要善待這些受他們照顧的人。不過，這種做法跟我們剛剛提到的互利的道德觀並不一致。

讀者：這就像我剛剛說的，用利益的交換做為道德依據終究會顯得理想性不足。

哲學家：道德存在的理由如果只有人際的互利，就必須犧牲它的理想性。或許以自我利益做為道德存在的基礎實在太過薄弱了！

第二次討論摘要

只以利己作為道德存在的依據，會出現以下兩個基本的問題：①就遵守道德規範而言，利己會不會是個錯誤的理由？（我們真的不該傷害別人，只因為到頭來我們也會受到傷害）？②所有正當的道德要求都是出於利己的考量嗎？（包括善待兒童、老人、病人、未來的世代及非人類的生物）？

道德是集體效益的極大化

讀者：我們大概必須為道德的存在尋找一個更加厚實的基礎。您對這方面有什麼建議？

哲學家：其實我們只要對道德的出發點稍做修正，就會出現完全不同的思考方式。我們剛才討論道德的起點是：只有利己才是善（Gut）。為了簡單明瞭，我們也可以這麼說：利己就是在增加自己的快樂，因此我們剛才會主張，只有增長自己的快樂才是善。不過，我認為，或許還有一個更有說服力的道德理由：只要快樂增加就是善。

讀者：坦白說，我不太清楚這兩種說法有什麼差別。

哲學家：第一種說法主張只有自己的快樂才是善，第二種說法則認為所有的快樂都是善。我們只要問自己，願不願意為別人帶來快樂，即使自己無法沾上邊，就很容易可以辨別這兩種說法的差異。如果我們只重視自己的快樂，就不會認為每一種快樂都很價值。

讀者：您覺得第二種說法比較有說服力？

哲學家：嗯，基本上我是這麼想的。如果我享有快樂是善的話，那麼，主要是因為快樂本身，而不是因為那是我擁有的快樂。如果快樂本身不是善，那麼我的快樂怎麼算是善呢？

自私的享樂主義者可能會表示，只有自己享有的快樂才是善；至於不自私的享樂主義者可能會以「所有的快樂都是善」來做反駁。

讀者：好吧！那我們就接受這種不自私的享樂主義者的說法。不過，它跟道德有什麼關係？

哲學家：這其實很簡單。我們應該選擇去做最好的事，這是很明確的。而且能得到最佳成果的行動方式可能會被認為是最好的行動方式。如果快樂是唯一的善，那麼，能增加最多的快樂便是最好的行為方式，這就是「享樂的效益主義」[1]的基本原則：人們的行動總是以快樂的極大化為主要依歸。這也是道德的基本原則！

讀者：等一下，不要說這麼快！為什麼您會稱它為「享樂的效益主義」？

哲學家：效益主義者主張追求「行為效益的最大化」！人們對於「效益」當然有各種不同的解讀：享樂主義者認為，「效益就是能帶來快樂的東西」；如果有人認定願望的實現是唯一的價值，就會認為「效益就是願望的實現」；還有，我們可能會進一步談到所謂的優先的效益主義（Präferenz-utilitarismus）。除此之外，人們對於「效益」這個概念還有一些其他想法。

讀者：我覺得道德的基本原則不該只是自己快樂的極大化，應該是讓眾人擁有最大的幸福？

哲學家：完全正確！道德這個議題就是在討論個人的行動如何影響所有人的快樂。英國效益主義哲學家邊沁就曾喊出「追求最多數人的最大幸福」這個口號。不過，我覺得這句話很可能會造成誤導，因為，人們不應該把幸福和承受幸福的人數極大化，應該選擇能產生最大的集體效益的行動。

讀者：這種說法會不會有點太過自我犧牲了？

哲學家：不一定。人們大都也受到自身行動的影響，有時甚至只有自己受到影響，因此，人們也必須顧慮自己，甚至只顧慮自己。

讀者：效益主義的道德觀為什麼也要迴避社會的互惠原則，把孩童、長者和病人排除在外？

哲學家：其實效益主義者對於社群中，哪些對象應該基於社會道德而受到照應的問題，有特別進步的思考。遠在婦女權議題尚未浮上檯面的時代，重要的效益主義哲學家彌爾就已經公開呼籲，讓女性獲得跟男性同等的權利。現在某些支持效益主義的人士還進一步把接受效益的對象擴展到動物身上。他們致力於加強人們對於動物權的重視，因為動物也跟人類一樣，能感受到快樂和痛苦，所以我們在考慮效益最大化時，也必須把動物計算在內。

讀者：關於快樂的強度和多寡很難被測量和比較的問題，我們昨天已經談過了！我覺得，這種量化問題可能也是「效益極大化」這個理論的弱點。

哲學家：那當然！

讀者：既然如此，創造最多的快樂這個享樂的效益主義的原則不就完全沒有用處？我的意思是，我怎麼知道我的各種行為能分別製造多少快樂？

哲學家：這當然是享樂的效益主義的問題，不過，我們可以理所當然地說，個人要自己先弄清楚，什麼是正確的行動？如果情況顯示，我們無法知道自己該做什麼，那麼，這可能就不是個人的問題，而是眾人的問題。我們真的經常搞不清楚，哪個是最好的行動選擇，不是嗎？

讀者：這麼說來，效益主義的原則只能當作理論來討論？

哲學家：畢竟哲學家主要是在象牙塔裡從事人類認知的探究。況且我們對於付出的辛勞和獲得的快樂之間的平衡，並非一無所知。如果您正在考慮是否應該去幫朋友搬家，那麼，您應該先想一下，您的幫助能帶給他多大的快樂？會給自己的生活造成多少不便？您可能無法精確掌握這兩種情況的量化程度，不過卻能做出一定的估量。

讀者：嗯，我現在比較清楚了！

哲學家：當然還有其他類似的問題：人們很難估算所有行動的後果。假設您今天去幫朋友搬家，您其實無法知道，接下來事情會怎麼演變。因為跟朋友有交情而幫忙搬家雖然是一樁美事，但事後也可能出現不好的結果。

讀者：為什麼？

哲學家：或許您在幫朋友搬家的半路上遇到您的夢幻情人，您們後來還生了一個孩子，這個孩子長大後還成為政治領袖，他知道如何蠱惑民心而引爆第三次世界大戰，最後造成人類的毀滅。不過，或許今天在搬家的途中，什麼也沒有發生，您可能只想去看場電影。

讀者：除非我的夢中情人就在電影院看電影！

哲學家：也有可能。

讀者：由此可見，效益主義的道德原則是沒有用的理論。

哲學家：不，現在可以再回到類似我們剛剛的論述：其實人們大致上可以明顯判斷自己的行動後果。例如，您今天跑去幫朋友搬家會產生不堪的後果的可能性，應該比您去攻擊一座核能發電廠還要小很多。

讀者：我了解，不過，事情的發展不一定都是順利的。

哲學家：實際的生活就是這樣。還有，效益主義者也知道怎麼回應人們這類的批評，他們也可以表示，人們如果要針對實情下判斷，通常應該用不上效益主義的原則。

讀者：為什麼會這樣？

哲學家：如果我們總是試圖把效益極大化，就往往無法把效益極大化！您想想看，如果您在展開每個行動時都在考慮，是否這樣做才能發揮最大的效益，這種態度反而可能成為行動的一大阻礙，結果往往適得其反。

讀者：有道理！這就好比我看到有人在河裡溺水，卻花太多時間思考是不是該把他救上岸來，等到我決定要救他時，或許已經太遲，早就錯過了黃金救援時間！

哲學家：就是這樣。如果情侶想親吻對方，還必須花時間考慮是否親吻的行為能帶來效益的極大化，那親吻就會變得沒有情趣。總之，想要直接達到效益最大化的人，或許會得到反面的效果，這也是享樂主義弔詭的地方，這一點我們在前面已經討論過了！

讀者：說到這裡，我覺得，效益主義的道德原則有點不切實際。

第三次討論摘要

享樂主義者宣稱，只有快樂是有價值的，不過他們並沒有說，只有自己的快樂是有價值的。效益主義者主張，效益極大化的正確性是顛撲不破的，而享樂的效益主義者則要求，人們應該選擇能帶來效益極大化的行動選項。如果要確定哪一種行動能產生多少快樂和痛苦，這不只會有測量的困難，而且人類本來就不具備精確預知行動後果的能力。不過，從另一方面看來，人們其實還是可以大致判斷自己的行動後果，效益主義者還特別提出「行為效益的最大化」這項準則，供人們評判行動的正確性。至於我們在個別的實際情況下是否清楚，什麼才是正確的行動，這又是另一問題。我們在日常生活中運用效益主義的原則做考量，是否真的能帶來效益的最大化，這點也同樣受到質疑。

效益主義的基本問題

哲學家：我認為，主張以最多數人的最大幸福作為人類行為規範的效益主義最主要的問題，不在於它的原則比較不切合實際的運用，而是沒有恰當地考慮個人的權利。

讀　者：為什麼您會有這種看法？效益主義當然有顧慮到每個人（甚至是動物），還主張每個生命都是平等的，難道這樣的觀點還不夠公正嗎？

哲學家：效益主義者也無法妥當地處理社會的公平正義。比方說，您現在手邊有四十歐元可以發給安東尼、布魯諾、可琳娜和丹尼爾，以下是兩種金錢分配的情況：您會選擇均分給這四個人各十歐元，還是把這四十歐元全給安東尼，而其他三人卻得不到半毛錢。如果人們真的覺得金錢萬能，依照效益主義的觀點，哪一種金錢的分配是最好的方式？

讀　者：這種兩種金錢的分配方式都有缺點：當我把四十歐元全給安東尼，讓他能集中使用這筆錢，這會比各給每人十歐元所產生的效益還要大，雖然資源的分配可能會不公平，但是我覺得自己似乎該這麼做才對。

哲學家：是啊，您雖然考慮了整體的表現，不過仍無法保證資源分配的公平性。對功利主義者而言，獲得最大的整體效益是最重要的，至於資源分配不公平畢竟是次要問題。

讀　者：這確實有問題。

哲學家：沒錯！不過，這跟我剛剛說，效益主義沒有恰當考慮個人的權利，完全是兩回事。我認為，人們其實有一定的權利可以搞派系或小圈圈，保有一定的私心。如果有人主張，必須為別人帶來快樂就像帶給自己快樂一樣，您覺得這種說法真的具有說服力嗎？

讀　者：實際上，人們大多顧及自己的利益遠勝於別人的利益，這是不爭的事實。不過，效益主義者卻認為，如果我們能把自己的快樂和別人的快樂一視同仁的話，人們就會有比較好的道德表現。

哲學家：這就是說，我們必須把跟我們關係疏遠的人的幸福當成是自己和自己孩子、配偶等至親的幸福一樣。就快樂的極大化來說，您真的相信，如果我們的金錢能在第三世界發揮較大的作用，我們德國人就有義務捐助第三世界的兒童，幫助他們改善生活？如果這是來自道德的要求，那麼，它應該是過分的要求。

讀　者：這樣的道德要求可能太過分了！不過，也沒有人敢說，行為符合道德正確是容易的。此外，我們關注自己親近的人的幸福，遠遠比照顧跟我們關係疏遠的人還要有效率，因此，依照效益主義的精神，我們或許應該特別照顧和我們親緣關係較近的人。

哲學家：我發現，您似乎不排斥效益主義，所以，我現在想請教您對於美國哲學家哈爾曼

（Gilbert Harman, 1938-）提出的器官移植的例子有何看法？這個例子是這樣的：假設有個非常健康的女運動員去醫院做例行的健康檢查，倒楣的是，她在醫院裡碰到一位信仰效益主義的醫生。當時他剛好有五名病患急需器官捐贈，一共需要兩顆腎、一個心臟以及肺和肝各一片。這位醫生在心裡盤算著：這位女運動員大約還有六十年的生命，如果我可以從她體內摘除這些器官，讓我的五名病人可以立刻接受器官移植手術的話，那麼他們每個人各可以多活二十年，所以，如果器官移植順利進行，這五個人一共可以增加一百年的壽命，扣掉女運動員所犧牲的六十年，還有四十年的結餘。況且以平均值來說，每人每年所獲得的快樂是等量的。因此，這位醫生就很開心地對這名女運動員說：「很好，妳來了！」

讀者：這位醫生該不會就這樣把她幹掉吧？

哲學家：有何不可？這位醫生確實把自己所預期的行為效益極大化了！很明顯的，人們會認為不妥是因為道德必須顧及效益最大化以外的東西。

讀者：效益主義者對這個例子有什麼看法？

哲學家：我們可以看出這個例子有說不通之處。請您想想，這位醫生如果真的強迫這名女運動員犧牲自己的性命，把器官捐贈出來，那接下來可能會發生什麼事？

讀者：如果真的發生這種事，而且事後醫生沒有受到任何懲處，那麼，大家可能不敢再去醫院接受例行的健康檢查了！

哲學家：如果人們因此而不敢接受健康檢查，許多人的壽命就會縮短，這些人減壽的總和會遠遠超過這樁器官移植所贏得的四十年。所以，從長期來看，人們整體的幸福就無法極大化，依照效益主義的觀點，這位醫生應該放過這名女運動員才對。

讀者：那這一切都沒問題了！

哲學家：不，還早咧！效益主義雖然也同意不該強取這位女運動員的器官，不過卻是基於效益最大化這個錯誤的理由，這就類似人們用利己作為道德的理由一樣，一些出於錯誤的理由所展開的具體行動也可能產生正確的結果。這些錯誤的理由也會影響人們對於道德的理解。

讀者：您可能認為，人們沒有詢問這位女運動員的意願就直接摘取她體內的器官，這種做法是在侵犯這位女運動員的人權。是嗎？

哲學家：對！醫生如果這麼做，就會損害這位女運動員自主處理自己身體的權利，因此，器官捐贈與否必須先經過她本人同意，這和她的器官移植所貢獻的效益完全不相關。功利主義這個學說的問題在於個人不能擁有私自要求的權利。

讀者：或許吧！難道效益主義者真的無法顧及個人的權利嗎？不過，我想，他們大概還不會認為，集體效益極大化是完全錯誤的原則。

哲學家：事實上，許多道德哲學家曾經用不同的方式探討「集體效益極大化」這個議題，這方面的哲學探究並不容易，因為效益主義只考慮人們的幸福愉悅，卻不顧及人們的尊嚴。換句話說，效益主義者只考慮所有能為人類帶來幸福的道德信條，他們並不認同和生存尊嚴息息相關的無條件的權利。我們現在倒是可以談談規則效益主義（Regelutilitarismus），它被公認是個不錯的學說。

讀　者：什麼是規則效益主義？

哲學家：規則效益主義已不再主張「以效益最大化為唯一的行動準則」，而是「遵行一套能帶來最大效益值的普遍行為規則」！

讀　者：如果我的理解正確的話，規則效益主義有兩個實際的步驟：首先，人們會先建構一套讓人奉行的道德規範，看看是否能達到最大的普遍效益？然後，人們就直接依照這些規則來行動，是這樣嗎？

哲學家：沒錯，例如其中一項規定如果是「不可以傷害別人的身體」，那麼就可以解決是否可以強制摘除女運動員內臟器官的道德爭論。明確規定的行為規範，比方說，「信守你的承諾」、「不要說謊」、「不可以偷竊」等，還可以禁止一般效益主義沒有禁止、卻會引起不良後果的行為方式。我相信，人們遵行這類的規則系統會比其他的規則系統獲得更大的行為效益。

讀　者：這麼說沒錯，不過，如果人們在某個情況所應遵守的某種行為規範並不能讓效益達到最大值，實際上只能透過另一種行為來達成這個目標，那會如何呢？

哲學家：如果規則效益主義者也跟一般效益主義者一樣，只認同效益的最大化，那就會碰到這樣的問題：他們會質疑既然在個別情況下遵守標準的行為規範完全無法達到效益的最大化，為什麼還必須遵守這些既訂的準則？

讀者：人們碰到這種情形時，如果把行為準則的內容補充得更詳盡，是不是就可以避開這個問題？譬如，用「不可以偷竊，除非……」來替代「不可以偷竊」。

哲學家：這麼做實際上或許可以強行讓規則效益主義在所有行動準則上，和一般的效益主義取得一致性。不過，規則效益主義的關鍵點卻完全不是行動建議本身，而是行動所根據的理由，因為它不只考慮效益的最大化，所以顯得比一般的效益主義更具優勢。

讀者：我了解！規則效益主義還會考慮到人類的尊嚴以及衍生而來的權利。

第四次討論摘要

效益主義看起來並不符合公正精神，此外，也不尊重人權：效益主義的問題不只在於，如果行動能達到效益的極大化，人們是否可以從一些行動者身上任意要求犧牲；更棘手的是，如果行動能達到效益的極大化，人們可以任意苛求受行動波及的人做犧牲。事實上，人們似乎覺得必須重視行為的道德要求，不過道德的要求卻跟效益無關，道德必須認可那些從人類尊嚴衍生而來的、無條件的權利。規則效益主義則以遵守顛撲不破的道德規範為出發點，因為普遍遵守這些準則可以達到效益的最大值。至於人類無條件的權利在規則效益主義裡是否能受到恰當的尊重，則完全看它們存在的理由而定。

基於自由的道德

讀　者：為了釐清道德存在的根據，我知道我們在此的第三個嘗試是關於人類的尊嚴和相關衍生而來的權利，是這樣嗎？

哲學家：是的。我們今天談論道德是先從純粹利己的角度出發，然後再說到非自私的享樂主義。現在我們不妨試著從個人的自決權（das Recht auf Selbstbestimmung）來討論道德這個議題。首先，我想先談談當代英國著名的女哲學家芙特（Philippa Foot, 1920-2010）舉過的一個日常罕見的例子。

讀　者：我現在倒很期待能聽您說說這個例子……

哲學家：假設有個鐵道員正要扳動鐵軌轉轍器，以便將一列即將通過的火車導向另一條預定行駛的軌道，這時他卻看到有五名孩童在這條預定行駛的軌道上嬉戲，在這個當下，他是不是應該把鐵軌轉轍器迅速地扳向另一條只有一個小孩在那裡玩耍的軌道上。他現在該怎麼做決定？

讀　者：他當然應該把轉轍器迅速地導向只有一個孩子在那裡遊玩的鐵軌上。

哲學家：大部分的人都會這麼說。這當中有個有趣的問題值得我們思考：這個例子跟前面女運動員的例子到底差別在哪？這兩種情形都是必須犧牲單一個人來挽回五條人命，而且開頭時，單一個人的情況都比另外那五個人還要好。這兩種情況都需要有人能積極地做危機處理，那麼，為什麼我們會覺得那位做器官移植的醫生很卑鄙，卻能認同這位把轉轍器導向那條只有一個孩子在那裡玩耍的鐵道員？我們甚至認為那是必要的決定。

讀者：這是個好問題。

哲學家：要找到這個問題的答案，實際上並不容易。不過這兩種情形之間存在著一項重要的差別：我們可以這麼說，這位女運動員被當成器官捐贈的工具而受到糟蹋，而這位被火車撞死在備用軌道上的小孩只是倒楣而已！

讀者：不管備用軌道上有沒有孩子在玩耍，這名操作員為了救五個孩子，一定會把鐵軌轉轍器扳向備用的軌道，所以，這名孩子的犧牲只是碰巧運氣不好；至於器官的移植，就得強迫女運動員犧牲自己的性命，才能讓那五位病人全部獲救。是這樣嗎？

哲學家：就是這樣。人們不該為了救五個小孩，而犧牲另一個小孩的性命，就像人們不該強取女運動員體內的器官，好讓五名病人能接受移植而繼續活下去。依據德國哲學家康德（Immanuel Kant, 1724-1804）的觀點，這種做法已經違反了基本的道德信條。這位德國古典哲學的開山祖師曾諄諄勸誡世人，不應該把別人當成利用的工具，應該把別人當成目的本身來對待。

讀者：我懂了！不過，從另一方面來說，人類不是經常在相互利用，把別人當作達到目的的工具？如果我到麵包店買麵包，就是在要利用麵包師傅拿到自己需要的麵包。

哲學家：所以，我們不可以把別人只當成利用的工具。

讀者：但是，我確實把麵包師傅只當成利用的工具啊！

哲學家：不，您其實還是會尊重這位麵包師傅，把他當成目的本身。（希望如此！）況且到麵包店購買麵包，並沒有違反麵包師傅願意被顧客利用的意願。

讀者：在這裡，麵包師傅和女運動員之間存在著決定性差異：因為麵包師傅願意成為被利用的工具？而女運動員不願意？

哲學家：大概就是這樣！這裡牽涉到個人的自決權，麵包師傅在這方面受到尊重，而女運動員並沒有。

讀者：所以，您現在想以個人的自決權作為道德存在的基礎？

哲學家：如果每個人基本上都可以擁有自決權，那麼我們在對待別人時，就必須尊重別人自主的權利。如果我們想要和他合作共事，就必須先詢問他的意願。

讀者：您認為，人們會為了相互合作而彼此妥協？這倒很像前面我們談過的「以利己作為道德存在根據」的想法。

哲學家：還是不太一樣！您可以想一下，人們如果認同基於利己的道德論，就只會想跟那些有利用價值或有能力威脅他們存在的人協力合作。因此，這種道德論完全沒有顧及社會的弱勢族群。

讀者：如果基於自利的立場，我們並沒有理由跟兒童、長者和病人合作，因為他們既沒有利用價值，也沒有能力傷害我們。

哲學家：相反的，如果道德是尊重別人的自決權，那麼，我就必須尊重每個人的意願，這就好像跟所有人訂下一種社會契約，這種社會契約不是出於自我利益的考量，而是依據每個人與生俱來的自由權。

讀者：因為我們已經跟所有人簽訂了一種社會契約，我們的行為應該要符合道德標準嗎？我覺得這種契約並不存在，因為從來沒有人問我，是不是同意這套目前被大家奉行的道德規範！

哲學家：嗯，言之有理！事實上，道德幾乎不可能以實際的契約形式存在。當然，我們也可以自己想像，我們古代的先祖們或許曾為了起草一份社會契約而聚在一起，並且認可了它的存在。

讀者：這種事畢竟只是憑空想像！這樣的會議在什麼時候召開過？在哪裡召開？還有，這種契約對我來說，可能沒有約束力，只要我個人沒有明確同意這份契約，別人也無法替我簽下它。

哲學家：或許我們可以這麼說，只要您沒有退出社會，或您察覺到可以擁有政治權力，或您需要國家提供給您一些好處，例如人身安全、基礎建設等，就表示您已經默許這份社會契約。

讀者：我不知道。即使個人默許了這類社會契約，至少應該有幾個契約選項供個人選擇。實際上，個人在這方面並沒有自由選擇的機會。我的意思是，如果我和這個社會的遊戲規則格格不入，那我到底該去哪裡？

哲學家：您說得對！十八世紀蘇格蘭哲學家休謨（David Hume, 1711-1776）曾做過一個很棒的比喻：如果有人認為，國家的公民默認了政治的權威，這就好比有人在起霧的夜晚被拖上一艘船，後來這艘船起錨航向汪洋大海，這個人在船上的既定事實就表示，他默許自己成為一名水手。不過，他上船這件事既不是出於自願，而且事實上他也沒有能力選擇是不是要留在船上，這種情形就好像國民跟國家的關係。

讀者：我在這裡還是要說句公道話：實際上，我們應該會認同社會大部分的道德要求。

哲學家：這是假設性契約的概念。有人說，道德的規則對人們有約束性，因為所有人被問到道德問題時，都同意道德的存在。

讀者：真的所有人都同意嗎？

哲學家：這很明顯的跟所有人是否都是好人有關。

讀者：那麼，這種假設性契約的概念真的有價值嗎？

哲學家：我曾經聽過一個相關的說法：假設性契約的概念沒有被寫在紙上，所以它的價值性比不上紙本的實際契約。

讀者：我們是不是可以這麼說：如果所有人都是理性的，道德便可以從所有人都同意的假設性契約裡產生？

哲學家：這確實是一個很重要的想法。不過，我擔心我們會因為可以自由約定假設性契約而完全拋棄道德存在的根據。如果道德的存在不再取決於人們是否真的同意一項道德信條（不論是講明的、不講明的或假設性的），而是人們是否應該同意一項道德信條，道德就變成一種理性的要求。接下來的問題便是，什麼是人類理性的要求？如果自由的自決不等於理性的自決，道德存在的理由從根本上來說，也就不再跟個人的自由有關。

讀者：儘管如此，道德的存在必須經過所有具有理性的人同意，這樣的概念還是有啟發性的。

哲學家：是的，或許哲學家康德主張的「絕對的勸誡」（kategorischer Imperativ）：「只依照自己願意遵行的準則行事為人，這個準則就會成為普遍的法則」，對於我們現在的討論有所幫助。

讀者：準則就是人們行動的基本原則？

哲學家：沒錯！大師是在勸誡大家，應該只依照具有普遍性的基本原則行事。

讀者：總歸一句話：我們應該自己想想，如果別人的作風也跟自己一樣，會出現什麼狀況。

哲學家：大概就是這樣！無論如何，我們必須考慮到，那些受自己行為影響的人會有什麼感受。如果我們無法在他們面前為自己的言行辯白，那就不對了！

讀者：等一下，我現在需要做個筆記！

第五次討論摘要

人類的自決權讓人們必須尊重他人的意願，而且不可以把他人當作利用的工具。人們必須相互尊重彼此都是自主的個體，這才是正確的相處之道。人們可能會認為，普遍的社會行為規則應該透過具體的契約來取得所有人的同意，不過，這種做法史無前例，無法成為社會道德的存在基礎。那麼，人們是不是默認了社會契約？對於社會契約的默認是否能成為道德存在的依據？或者，必須透過理性的社群成員的假設性同意？在這種情況下，人們對於道德的存在是理性的同意，而不是自由的同意。那麼，什麼是理性的道德要求？這個問題其實至今仍沒有固定的答案。然而，當我們對於一項行動進行道德評估時，卻能幫助我們思考，是否行動的基本準則具有放諸四海皆準的普遍性？是否應該先徵求那些會受到該項行動影響的人的同意？

提出或釐清道德的理由？

讀者：我必須承認，我現在有點糊塗了！到目前為止，我們已經討論過三個道德存在的理由，不過，卻沒有一個可以讓人完全信服。老實說，我現在覺得，我沒有辦法了解這個議題。

哲學家：您所謂的「我沒辦法了解」這句話，其實非同小可，奧地利猶太哲學家維根斯坦（Ludwig Wittgenstein, 1889-1951）就認為，它正好是典型的哲學問題的所在。柏拉圖也曾說過，哲學開始於個人的驚訝。

讀者：我比較憂心的是，個人在哲學方面的探索反而因為這種訝異而中止。

哲學家：這也是可能的情況，不過，您當然不可以一次期待很多的東西。有些人一輩子都在思索關於道德的存在基礎。如果人們在這方面思考愈久、愈透徹，就更能全面理解其中的關聯性。

讀者：如果我必須做一個重要的決定，或必須向缺乏道德感的罪犯解釋，為什麼他們應該持續讓自己有比較好的表現時，我可能就沒辦法等待。

哲學家：這種情況也不在哲學處理的範圍內。首先，許多錯誤的行為是個人意志力薄弱或自我欺騙的結果，而不是見識力的缺乏。哲學在這方面其實幫不上忙，我們只能透過教育來改善這種情形。第二，討論道德存在的基礎是一回事，向那些道德觀念錯誤的人解釋，什麼才是正確的道德觀念——或對惡棍道德勸說，讓他們變成品行比較好的人——則是另一回事。

讀者：所以，我們應該要向那些道德觀念正確的人解釋，為什麼他們的道德觀是正確的？

哲學家：主要就是這樣！您現在不妨回想一下，昨天我們對文法老師和正確使用字母拼音書寫的人所做的比較。如果我們想要了解自己所熟練的語言的結構，就會求教於文法老師；同樣的，如果我們想要了解人們既有的道德概念的存在基礎，就應該請教道德哲學家。

讀者：昨天我們也談到，如果人們比較了解文法，對於提升正確拼寫字母的能力也會有幫助。所以，道德哲學對於人們正確的言行也是有益處的。

哲學家：您說得對！我不會完全排斥這種看法。應用倫理學是在研究道德的存在基礎，這個哲學領域專門處理棘手的行動情境，它和釐清道德觀念之間的基本關聯性比較有關係，能增進行動者理解自己的處境，而不是對於人們提供行動的建議。

讀者：所以對您而言，即使別人所建議的行動是相同的，辨別它們背後不同的道德理由還是很重要？

哲學家：那當然！我們總是針對人們應該做什麼以及理由不斷舉例，希望這些例子所顯示的一些道德原則盡可能達到廣泛的一致性。

讀者：不過，我已經注意到，到目前為止，我們所討論過的例子並沒有特別生活化。什麼時候我們才會碰到像那位鐵道員所面臨的緊急危機，而必須做出重大的決定？

哲學家：來自生活周遭的實例通常都過於複雜，因此人們大多比較無法從一些平日生活的例子解讀出哲學家所要表達的基本的道德信念。這就好像那些文法書本上所列舉的例句，好的文法例句必須盡量只是讓學習者能夠清楚了解文法的規則。同樣的，經過哲學家刻意設計的範例也是比較好的哲學案例，它們可以讓一些想獲得啟發或想釐清某些哲學概念的人們能清楚地了解相關的觀點。

讀者：不過，人們終究還是必須掌握現實的情況，不然呢？畢竟教文法的老師也希望學生有能力透徹地分析所有生活中實際使用的句子，而不是只有書本上的例句。

哲學家：對啊！不過我想，經過這一番討論後，我們在處理實際狀況會比較有方向感！我們現在已經很清楚，在做實際的道德決定時，應該注意哪些要點：各種不同的行動選項能對自我的利益和自我的（從享樂主義的角度來理解）幸福產生多少貢獻？這些行動如何達到整體利益的最大值？我們和他人可能有哪些權利會相互影響？總而言之，我認為人們必須顧及道德的所有面向，不可以只側重單一面向而忽略了其他面向——雖然，道德哲學家們一再地出現這類錯誤性示範。

讀者：我現在明白了，只不過還搞不懂各種不同面向之間的關係。

哲學家：道德哲學家主要是在為人類社會找出一個整體的秩序。不過，如果普遍性規則不存在時，人們還是要有能力估量個別的現實情況，自行判斷哪個面向是最重要的。

讀　者：這樣不就會常常會失準嗎？

哲學家：有可能。在這方面，我們不妨接受亞里斯多德的看法：如果要釐清一件事情，只能使用它本身自有的、精確的標準。受過良好教育的人都知道，哪些事物會被要求達到多少的精確度。

第六次討論摘要

道德哲學是在探討與分析道德存在的基礎，因此，這個哲學領域也可以幫助我們做實際的決定（特別是在應用倫理學方面）。此外，道德哲學還可以釐清一些在採取行動時必須考慮的觀點，這不僅有助於我們了解自己的處境，還能把這些觀點融入全面性的思想系統裡。不過，如果普遍性的行動規則不存在時，人們還是要有能力權衡現實世界裡所發生的各種情況。

正義

哲學家：現在時間已經不早了，您還有興趣繼續討論下去嗎？

讀　者：有何不可？我們現在不是談得很起勁嗎？

哲學家：道德哲學不只是在探討個人行動的正確性，即所謂的「個人倫理」（Individualethik），和它相關的實踐哲學（praktische Philosophie）還會處理制度倫理（Institutionenethik）的問題，比方說，一個具有正義性的社會共同體（Gemeinwesen）該是什麼樣子？在人類社會中，個人自由應該發揮什麼作用？國家威權的存在是不是也有道德的根據（如果有的話，到底是基於利己原則、效益主義或基本人權）？什麼是最好的國家制度（又，為什麼）？

讀　者：也就是說，制度倫理是在探討政治的道德理由？

哲學家：或許這麼說比較妥當：制度倫理是釐清政治的道德基礎的嘗試。當然，哲學家在探究制度倫理時，有時也希望可以把這方面的見解轉化成實際的建議。

讀　者：這一點我並不訝異。我們德國的政黨對於維護國家體制的重要性或許還算意見一致，而且幸運的是，這些政黨對於民主並沒有爭議，不過，我們國家內部卻還存在某些政治思想的分歧點，人們還是會爭論，什麼樣的正義和自由的觀點才是正確的？關於這一方面，我很高興能跟您一起討論。

哲學家：我們可以先從社會的公正性談起。當代對於這個議題著墨最深的哲學家就是美國哈佛大學哲學系教授羅爾斯（John Rawls, 1921-2002）。

讀　者：這位哲學家主張什麼？

哲學家：他所提出的「正義論」（theory of justice）是當代自由主義最重要的正義理論，這個理論本身雖然很複雜，不過，它只環繞著一個簡單的基本概念。不好意思！請問您有兄弟姊妹嗎？

讀　者：為什麼您會問這個？

哲學家：如果您有兄弟姊妹，就會明白接下來我要提的資源分配問題：假設有兩個人要分配一塊蛋糕，它應該被切成大小相同的兩半。您認為，該怎麼切這塊蛋糕最好？

讀　者：很簡單，就讓一個切蛋糕，另一個挑選切好的蛋糕。

哲學家：為什麼這麼做是公正的？

讀　者：因為負責切蛋糕的人必須盡量把蛋糕對切成等量的兩半。不然，另一個就會挑走較大的那一塊。

哲學家：就是這樣！不能挑選蛋糕的人會努力把蛋糕切得不偏不倚，好讓沒有辦法優先挑選的自己也會對挑剩的那塊蛋糕感到滿意。羅爾斯這位二十世紀著名的政治哲學家，就是使用類似的基本概念來討論社會資源的分配。

讀者：讓我想一下：如果我是切蛋糕的人，我當時並不知道，自己會得到哪一半……不過，切蛋糕跟人類社會有什麼關係？

哲學家：基本上，您必須假想您可能不清楚自己是誰。您必須先鬆動對自己既有的看法，讓自己開始不確定，身體健不健康，有沒有生病？聰明或愚笨？美或醜？來自哪個家庭？生活中曾碰到多少幸運或倒楣的事？以及種種您身為個體的質性。您應該走到羅爾斯所謂的「無知之幕」[2]的後面，讓自己回到原初的狀態，對於自己的社會角色、能力及價值觀等一無所知。

讀者：當我走到「無知之幕」後面，把自我的認知歸零後，應該就會明白該怎麼分配蛋糕了！也就是說：在社會中，誰應該得到什麼。

哲學家：沒錯！您這時的立場就不會受到自己的社會角色和外在條件的影響，可以超然而公正地分配社會資源，而且不論自己實際上獲得哪一份，都會對自己分配到的東西感到滿意（或至少應該感到滿意）。

讀者：人類的社會實際上有什麼可以分配？

哲學家：當然是物質的資源，此外還有一些權利和義務。羅爾斯認為，我們應該先給社群中的個人盡可能廣泛的基本自由，只有當所有人都擁有相同的基本自由時，自我的自由便會受限於他人所擁有的自由：例如，人身不受侵犯的權利、言論自由的權利、信仰自由的權利、自由選擇職業的權利等，這些大致上就是所謂的人權。

讀者：這我了解。反正不管是誰，都可以嚮往擁有人權。不過，在人人平權的前提下，資源和財物應該怎麼分配？

哲學家：原則上應該把物質資源平均分配給大家，此外，還可以採取羅爾斯提出的非等量分配方式，不過，必須符合兩個先決條件：一，非等量分配必須和官方的身分及職位有關，而且所有人都有公平均等的機會爭取這些重要的職位。二，擔任這類要職的人們必須為最弱勢的族群謀求最大的利益。這就是羅爾斯在「正義論」中所提出的「差異原則」（the difference principle）。

讀者：我知道有一種政治思想主張，給予富人不必納稅的特權，以刺激民間消費，促使經濟快速成長。當經濟因此而蓬勃發展時，乞丐遊民的生活便可以獲得改善，這個效益是人人平權的原則所無法達到的。

哲學家：原則上是這樣。不過，羅爾斯的「正義論」還是以社會的公平性為核心思想。如果人們要求，必須以非等量分配的方式為最低下的社會階層謀求確實的、最大的福祉，就需要完全符合那兩個先決條件。

讀者：我總是相信，自己會得到最差的那一塊蛋糕，因為當我切好時，另一個人可以優先挑選。不過，在這裡您所提到的公正分配的情況還是比較有可能：因為決定怎麼切蛋糕的人根本不知道自己會分到哪一塊。

哲學家：其實有些人曾表示，人們如果走到「無知之幕」後面，可能會採用羅爾斯的「差異原則」進行社會資源的分配，這跟簡單的均分模式很不一樣。我們也可以簡單想一下，是不是還有其他可能的資源分配方式，比方說，均分給每個人足夠維生的最少物資？不然，我認為，社會資源就應該採用非等量的分配方式。

讀　者：人們雖然會面臨獲得的職位比別人還差的風險，不過也可能分配到比別人更好的職位。除此之外，還有人主張，剛開始分配社會資源時，應該先分配給大家相同的東西。這聽起來似乎很吸引人，我自己倒很懷疑這種說法。畢竟每個人都不一樣啊！

哲學家：從道德的角度來說，我們每個人都是一樣的，沒有哪一個人比較有價值。

讀　者：這點我就沒有辦法同意了！難道性侵兒童的人真的跟德瑞莎修女一樣有價值？

哲學家：沒錯，從某些角度來說是這樣！您是不是認為，性侵兒童的人不可以擁有一般人所擁有的人權？

讀　者：是這樣的，我贊成所有人都應該享有相同的基本人權；至於大家都該分配到相同的資源這一點，我就覺得不合理了！

哲學家：您認為不同的個人有不同的需要，如果大家都得到相同的物質資源，就無法滿足個別不同的需求，是嗎？舉例來說，一個行動不方便的人如果想要達到跟正常人一樣的行動力，他們在這方面的花費就會比一般人還要多出許多。

讀　者：這種看法當然有它的道理，因為每個人的需求都不一樣，而且同樣的東西對每個人所產生的效益也不相同。我還認為，每個人都分配到相同的資源這種齊頭式平等並不合理，因為有的人認真工作，有的人遊手好閒，所得到的報酬不應該是相等的。

哲學家：個人付出的多寡在羅爾斯所建構的資源分配模式中確實不重要。我們也無法確定，個人的付出在一個正義的社會裡是否具有其重要性。

讀者：為什麼會這樣？

哲學家：您應該會同意，人們無能為力的事情，是無法透過努力達到的。

讀者：我也這麼認為。

哲學家：接下來會出現一個問題：人們到底能做些什麼？您應該為自己的身體狀況負完全的責任嗎？

讀者：不，當然不是這樣。除非我自願從事某些冒險活動。

哲學家：您對自己長相的美醜有責任嗎？

讀者：不，我不必為自己與生俱來的相貌負責，雖然我或多或少會打理一下自己的外表。

哲學家：您需要為自己的聰明或愚笨負責嗎？

讀者：不，我大概也沒這個責任，那是基因遺傳決定的。

哲學家：或許您需要為自己所受的教育負責，不過您可能也沒有這方面的責任，就像您對於自己出生的家庭，以及連帶而來的優缺點沒有責任一樣。

讀者：我現在知道，您講這些話的用意了：如果我們一一檢視所有能讓一個人取得社會成就的因素，我們就會知道，這些因素往往跟這位佼佼者的努力沒有關係。這麼說來，我到底要不要努力呢？我的努力應該可以讓我獲得預期的報酬才對呀！

哲學家：反正就是盡力去做那些你真的可以改變的部分！雖然，先天的資質和後天的教育也是影響個人成就很重要的因素。

讀者：這麼說沒錯，不過，總會有一些自由的空間留給個人吧?!

哲學家：就像您知道的，哲學家們甚至討論過，人類是不是真的擁有自由意志。這個議題，我們在接下來這幾天的對談裡，還會再做討論。不過，我們現在就可以確定，如果我們了解，事情的成敗其實跟自己本身的因素不太有關聯性，那麼我們就會同意，幾乎不用為了個人付出的多寡而修正資源均分的原則。不是嗎？就這一點來說，平等主義者（Egalitarist）是對的。

讀者：所以，您主張平等主義？而且還認為，我們自己完全不需要為任何事情負責任？

哲學家：不，我並不這麼想。不過，我認為我們很難確定，有哪些成就事功是自己努力來的，有哪些是外在的環境因素促成的。我們在面對自己時，總是傾向把成就說成是自己的努力，而把失敗推給環境因素。

讀者：沒錯！就是這樣！當我們看待別人時，態度正好相反：我們的酸葡萄心態會讓我們把別人的成就當成是環境的機運，把他們的失敗歸咎於他們自己的缺失。

第七次討論摘要

道德哲學不只提出個人正確行動的問題，它也關心政治（處理公眾事務）的道德基礎。其中最主要的議題是：社會在什麼時候才是正義的？藉由美國政治哲學家羅爾斯所提出的「無知之幕」的思考實驗，我們知道有兩項正義原則：對於人類的基本自由和基本權利的平均分配原則，以及有限制的差異原則，個人需求的差異和成就的高低對於這兩項正義原則並不重要。此外，在公正分配社會資源的原則下，對於高成就者一視同仁的做法其實是恰當的，因為個人所獲得社會的成就往往不是出於自己的付出和努力。

自由

哲學家：社會正義這個問題其實跟我們對於人性的認知有密切關係。我們愈強調個人的付出，對於社會資源的平均分配就愈不以為然。資源的均分似乎和自由的價值格格不入。

讀者：為什麼會這樣？

哲學家：如果人們的行為沒有受到適當的約束，社會在短期內，就會出現許多不平等的現象以及大幅的階級落差。

讀者：是因為有些人比較靈巧，有些人比較遲鈍嗎？

哲學家：那還用說！所以，我們必須不斷尋求社會的平衡點，以維持資源分配的合理性，例如，透過徵稅的方式。諾齊克教授（Robert Nozick, 1938-2002）是羅爾斯在哈佛大學哲學系的同事，也是第一位有系統回應羅爾斯「正義論」的哲學家。這位極右翼的自由至上主義者（Libertarier）認為，羅爾斯所主張的資源分配方式干涉了個人的自由，根本沒有正義可言理。

讀者：那麼，什麼樣的資源分配對個人是正義的？

哲學家：正義可能跟後續的資源移轉有關，而不是起初的資源分配。我們要把人們起初如何合理分配資源的方式說清楚，其實並不容易，因為我們必須確實知道，人們當時如何合法地擁有初次資產。如果我們跳過最初的資源分配，直接從均分資源開始談起，接下來還會出現另一個問題：社群在經過一段時間後，它的物資應該以什麼方式進行再分配？如果人們處理資源分配的方式一直是公道的，不管每次再分配之前資源分布多麼不平均，社會總是可以透過不斷地再分配來達到資源分配的公正性。

讀者：有句話說得很好：起初能公正地分配資源，隨後能公正地再分配，最終就會出現一個公正的社會狀態。不過，到底什麼是公正的再分配？

哲學家：如果人們在交易和贈與的互動時，能彼此對等互惠，就是公正的再分配。如果占了對方的便宜，就是不公正的再分配。

讀者：我了解。強調個人自由的國家就像透過夜間巡邏來維持治安的國家，不是嗎？這種國家原則上只會緊盯著人民，看看他們是不是有不正當的犯罪行為。至於其他方面，就一概不管，人民想做什麼就做什麼。

哲學家：對！不過，在一個奉行平等主義的國家，情況就不一樣了！這種國家為了縮小人民因為行動所出現的成就及階級的差距，必須持續不斷地進行資源的再分配。

讀者：這的確是兩種非常不一樣的模式。我對這兩種模式大致的印象是：其中一個模式對個人自由的重視超過社會的正義，另一個則看重社會正義勝過個人的自由。

哲學家：每個人都可以有自己的看法。自由至上主義者認為，物資的分配透過自由行動者之間非強迫的交換，才是合理的。這種分配方式對他們來說，不只是比較自由，而且也比較公正。

讀　者：那平等主義者怎麼說？

哲學家：平等主義者認為，如果社會的正義優先於個人的自由，這樣的社會不只會比較公正，而且也比較自由！

讀　者：為什麼會這樣呢？

哲學家：這全看人們對於自由的定義。有些人認為，自由基本上就是不受別人打擾。有些人則主張，自由就是個人可以自行選擇行動的選項。

讀　者：那麼，如果社會資源不集中在少數人手中，而能平均分配的話，是不是就有更多人擁有更多的行動選項？因此就能擁有更多的自由？

哲學家：可以這麼說。不過，如果人們什麼都沒有，就只能選擇要死在哪一座橋下，這就算不上自由，主張共產主義的思想家馬克思大概是這麼說的。

讀　者：這個想法聽起來真的有點怪異。

哲學家：所有嚴肅的哲學觀點聽起來都是怪怪的，甚至還有哲學家主張「強迫意味著自由」。

讀　者：您在取笑我！

哲學家：沒有，完全沒有！您抽菸嗎？

讀　者：我不抽菸，那太不健康了！為什麼您會問這個？

哲學家：您想想看，假如您有一位朋友跟您一樣，認為一些戒菸的理由很有道理而想戒掉菸癮。不過，您現在卻看到，他因為無法克制癮頭，想伸手拿根菸來抽。請問您這時會怎麼做？

讀者：或許我會警告他？或是把他手上的菸搶走？

哲學家：那麼您認為，您制止他抽菸是在限制還是擴展他的自由？

讀者：我是在幫助他，達成他真正想做的事。如果他改變心意，真的想繼續當個癮君子，我就會尊重他，不再干涉他了！

哲學家：我想，您已經了解，強迫可以讓人們獲得更多自由，因為我們不一定會做我們真正想做的事。我們「原本的自我」（eigentliches Selbst）其實可以藉由外在的強迫而脫開束縛，獲得自由。不過，我現在還想進一步地問：您認為，人們一直都明白，自己真正想要什麼嗎？

讀者：不一定。有時人們知道自己要什麼，卻沒有決心付諸行動，有時是不願意承認自己真的想要什麼。

哲學家：在第二種情況下，可能身邊的人，比方說有交情的朋友，反而會比較清楚，自己到底要什麼。是嗎？

讀者：是啊，這可想而知！

哲學家：如果別人強迫我達成我真正想做的事，那是在擴大我的自由。雖然，我當下的感受不一定是這樣，因為我可能完全不清楚，自己要什麼？

讀者：我倒不認為外在的強迫可以增加個人的自由度。這就好比許多男人強暴了女人，卻總是事後對女受害者辯解：「妳當時也願意啊！」這種強迫跟自由沒有關係。

哲學家：這種強迫不只跟自由八竿子打不著，而且這種論調很危險。我們可以拿一些極權國家為例：這些國家的元首有時會聲稱，自己最了解人民真正的需求或人民至少應該會有的需求，所以當這些領導人強迫人民去爭取他們所認定的人民真正的需求，或人民至少應該會有的需求時，便是在擴大人民的自由。

讀者：這真諷刺！

哲學家：當然！還有，自由這個概念不該只是不受到他人的侵擾而已。以國民接受義務教育為例，國家介入孩子們的生活是有正當合理的根據：學校教育可以讓兒童和青少年學會如何取得訊息，以便日後能藉由這項能力，過自由的人生。而且我們主張，根據取得的資訊所做的思考以及所做的正確選擇絕對和自由有關。

讀者：我同意，不過，我們現在能得到什麼結論？

哲學家：我們可以這麼下結論：不論「正義」或「自由」，都是非常複雜的概念，它們實際上包含許多不同的觀點，到現在我們都還沒有辦法一一討論。如果人們想要探索正確的社會秩序，就應該弄清楚這些觀點。

讀者：這點我明白，不過，如果我已經把這些觀點都搞懂了，那麼，接下來我該做什麼？

我們不是很想知道，一個公正而自由的社會該是什麼樣子嗎？

哲學家：這是道德哲學一直在處理的議題。如果我已經考慮過各種不同的觀點，接下來我就必須在各種觀點之間，權衡它們個別的重要性。舉例來說，不讓別人侵害我的資產比較重要，還是讓更多人獲得資源來自由發展自我？讓自我突出的表現可以獲得獎勵比較重要，還是讓自我的弱點可以獲得改善等等。

讀者：我想，這些問題有各種不同的答案，而且是相當歧異的答案。

哲學家：或許社會的組織方式，從道德的角度來看，就跟個人生活一樣，同時存在著許多美好的可能。多一點個人自由（就某方面而言）而少一點社會正義，或許就跟多一點社會正義（就某方面而言）而少一點個人自由一樣，都是不錯的社會型態。

讀者：所以，您認為魚與熊掌無法兼得，人們沒有辦法在社會中同時擁有所有美好的東西，是嗎？我覺得，您這種看法頗貼切的。

第八次討論摘要

人們會支持哪一種正義理論，會贊同哪一種自由觀點，其實取決於人們對於人性的認定。自由至上主義者認為，正義就是物資透過自由行動者之間自由交換的結果。這種物質分配方式對他們來說，不僅比較自由，也比較公正。自由不只是強迫的不存在，應該是可能性的存在。此外，人們甚至可以透過逼迫來擴展自由，這種想法也有一定的道理，不過卻很容易被人們濫用。

①譯註：hedonistischer Utilitarismus，Ulitarismus 一詞曾被譯為「功利主義」，不過，這個中文譯名卻帶有短視近利、唯利是圖之意，為了避免誤解，這個字詞也被譯為「效益主義」，以契合這個理論的效益原則。

②譯註：veil of ignorance，「無知之幕」是羅爾斯「正義論」的重要概念，意思是指，當人們為了訂定社會契約而進行溝通協商時，最理想的方式是把大家聚集在舞台的布幕後面，讓每個人都回到原初狀態，沒有人知道自己揭開這道布幕走向舞台時，會在社會中扮演什麼角色、處於哪個社會階級、擁有哪些能力和資源。在「無知之幕」後面所訂定的社會契約，可以避免人們因為自己的既得利益而形成不公正的決策和制度。

星期一　星期二　星期三　星期四　星期五　星期六　星期日

星期三

道德能多客觀？

兩種理性

讀者：您知道嗎？我覺得自己還是沒有確實掌握前兩天談論的東西，特別是那些跟道德有關的內容。

哲學家：那您有什麼看法？

讀者：這樣說吧！我們已經談過，人們應該做什麼而不該做什麼；應該這樣過生活而不該那樣過生活。不過，如果有人覺得對這一切都無所謂，那是什麼情況？

哲學家：那就是這個人不理性。

讀者：為什麼您會認為他不理性？就我所知，自我傷害是更不理性的行為。只要道德的存在是以利己為基礎，有些道德行為如果對他人造成損害，也可能是不理性的行為。為什麼拒絕把集體利益極大化，或是不願尊重他人的權利，就算是不理性？

哲學家：我們昨天已經討論過，在符合某些條件的情況下，讓整體的利益達到最大值，還有尊重他人的權利，都是正確的行為。所以，我們可以直接從反面推論出：如果人們不這麼做，就是非理性。

讀者：坦白說，我根本聽不懂您在說什麼！您到底認為什麼是「非理性」？

哲學家：好的，首先我們應該確實釐清，什麼是非理性，因為這裡出現兩種非常不同的觀點：有一方認為，非理性一定會讓人陷入矛盾中。

讀　者：您是指，當人們有自相矛盾的想法時？

哲學家：就是這樣，或是由於人們意志力薄弱。

讀　者：人們會讓自己處在多深的矛盾中？例如，為什麼人們沒有去實踐自己認為最好的選擇？

哲學家：就是啊！一個人的行動，首先是他行動的意圖，如果無法和他的想法取得一致時，當然就不是狹義的矛盾，而是信念之間的矛盾，它是一種內在的緊張狀態。還有，一些行動的意圖也可能會出現矛盾，舉例來說，如果我要追求特定的目標，卻不肯採用達到這個目標所必要的方法時。此外，我們的感覺、信念或意圖也會以這種方式自相衝突，而出現非理性的感覺（irrationale Gefühle）。

讀　者：您的意思是，在這種內在衝突的情況下，個人會感到焦慮，雖然表面上看不出焦慮的原因？

哲學家：是啊，比方說，主張經驗主義（Empirismus）的哲學家可能會說，所有的非理性都源於某種方式的矛盾；主張唯理主義（Rationalismus）的哲學家則認為，非理性的存在還有第二種方式。

讀　者：一種跟矛盾無關的方式？

哲學家：沒錯！如果這麼做或那麼做是正確的，那就意味著，確實有最好的理由來支持人們從事這些行動。第二種非理性存在的方式就是個人根本不相信、不去體會也不願意進行那些被認為具有最佳理由的行動。在這種情況下，人們是非理性的，因為他沒有採取正確的行動，甚至連想要達成的意願都沒有。

讀　者：為什麼你會相信有這種非理性的存在？

哲學家：我們在這裡使用「正確的」這個形容詞就是指「最佳理由所支持的行動」，所以，如果有人說，「去做A這件事雖然是正確的，不過，我們並沒有最佳理由來進行A這件事」，這就是非理性。還有，我們在這裡應該把「正確性」不只當成「某些方面所主張的正確性」，而是「完全的正確性」。

讀　者：但如果有人根本不把尊重別人的權利當作是完全正確的事，那會是什麼情況？如此一來，他對別人權利的不尊重就不算是非理性嘍？

哲學家：不一定，這要看實際的情況而定，可能在某方面是非理性的，而在另一方面卻是理性的。只要他自己不掉入矛盾裡，行動仍舊能跟自己的信念相配合而沒有出現意志力薄弱的情形，就不算是非理性。不過，如果他不去做人們客觀認定的正確的事，也就是，從客觀來說，由最佳理由所支持的行動，那麼，他就是處於非理性狀態。

讀　者：唉，其實我並不想再討論這些問題：為什麼「從客觀看來」尊重別人的權利是正確的？或「從客觀看來」，最佳理由所支持的行動是什麼？道德本身並不是什麼客觀的東西。這該怎麼說呢？我倒認為，道德比較是一種人為的制定（Setzung）。

第一次討論摘要

如果人們對於道德很冷漠，這是非理性嗎？不一定，這要看非理性出現在哪裡。經驗主義者認為，所有的非理性都源於某種方式的矛盾，也就是信念、情緒和意圖之間的矛盾。唯理主義者則主張，非理性的存在還有第二種方式：人們不相信、不去體會或不願意進行那些客觀上具有最佳理由的行動。然而，這種「客觀的理由」真的存在嗎？特別是那些指示我們該怎麼做（而且應該想要什麼）才是正確的、並受到最佳理由所支持的道德，真的客觀嗎？

道德只不過是人為的制定？

哲學家：說起道德是「人為的制定」，大概就沒什麼可以談了？

讀　者：是這樣嗎？誰說的？

哲學家：如果現在就讓您試著制定一項道德規範，您會怎麼做？

讀　者：這樣說吧，我會針對某些重要的東西。

哲學家：不過，我們不可以不加考慮就認定什麼是重要的東西。我們在這裡可以做個實驗：請您試著讓自己把突然隨機挑中的一件事物當作是重要的。例如，把每小時應該鼓掌三次這件事當成一項可以接受的道德要求，您做得到嗎？

讀　者：不！為什麼要這麼做？

哲學家：我能了解您的抗拒，這件事確實太離譜了！我在這裡只是把它當作一個討論的案例。您剛剛說，我們可以制定道德規範，那麼，我們是不是可以確定，每小時應該鼓掌三次這件事是正確的？您是不是認為這項要求具有重要性？您是不是可以讓自己在生活中盡量達到這項要求？

讀　者：好吧！我就照做！

哲學家：您可以每小時拍三次手，不過，您內心真的認為這是道德的要求嗎？

讀　者：不，我沒辦法！我比較贊成，道德規範應該由所有人共同制定，而不是我個人。

哲學家：同樣的道理，我們是不是都同意，每小時鼓掌三次是正確的？

讀　者：這種事如果是其他人碰到，他們是不會同意的！

哲學家：那當然，因為這件事根本是錯的。還有，您說的「其他人」是指誰？

讀　者：就是社會啊！

哲學家：您認為，道德規範該怎麼制定？人們聚集在一起是為了確立道德的準則嗎？

讀　者：我似乎覺得，您其實沒有把道德當一回事。道德是一種社會性建構，這本來就很清楚，不是嗎？

哲學家：坦白說，我並不完全明白道德是什麼樣的社會性建構？或許您認為，道德應該像道路交通法規，是一套由老百姓投票產生的民意代表所協調出的、供人民遵循的行為準則。不過，我並不認為道德規範是依照這種方式形成的。

讀　者：為什麼？刑法的制定不就是這樣嗎？道路交通法規的出爐也是透過相同的程序啊！而且在這些法典和法規裡，許多重要的道德內容都有明文的規定，這是不爭的事實。

哲學家：沒錯！不過，道德哲學家並不會把刑法當作道德的論據。

讀　者：畢竟許多人都認同法律啊！

哲學家：道德權利的存在跟人們認不認同沒有關係，我們所謂的人權，就是一個很好的例子：

每一個人，只要他是人，都可以要求這種權利。

讀者：如果人權沒有獲得社會的認可，人們所獲得的人權就會比較少。

哲學家：實際上不應該是這樣。我們不只要批判那些蔑視人權的人，我們還要勸說他們接受每個人與生俱來的人權，這點真的很重要。一項道德規範不被人們奉行並不表示人們不需要遵守這項道德規範。

讀者：儘管如此，道德跟人們認不認可並沒有關係，況且許多法律已經包含了重要的道德規範，例如：刑法或憲法。

哲學家：這是事實，不過，刑法或憲法所明文禁止的行為，在道德上不一定是可鄙的！還有，這個說法的反面甚至更重要：法律如果要維持自身的公正合理，就必須以道德為依歸。即使人們已經對某條法律達成協議，認可它的存在，但這條法律卻不一定具有公正性。

讀者：這種情況當然很糟糕，偏偏我們德國人在幾十年前就曾經透過立法來從事非常不道德的行為。我們當時曾經對屠殺猶太人的惡行達成過共識。

哲學家：就是這樣！德國人現在可能會表示，納粹是不道德的，不過卻不想評論當時大多數德國人民的想法。

讀者：當時許多德國人確實相信納粹的政治主張，認為納粹的行為沒有道德瑕疵。

哲學家：我個人並不相信這個說法。我認為，當時的德國人其實心裡很明白，納粹基本上有些東西走偏了，只不過他們沒有坦白承認，或者已經承認了，卻沒有勇氣付諸行動來糾正這個天大的錯誤。在人的世界裡，自我欺騙和意志力薄弱比道德錯誤更普遍。我們現在的討論重點並不在於德國人當時是否相信納粹行為的道德正確性，而是納粹的行為實際上是否具有道德正確性。這個答案已經很清楚：沒有！

讀者：無論如何，我們認為這件事就是這樣。

哲學家：所以，我們的道德見解是對的。

讀者：您怎麼會這麼有把握？道德畢竟跟實證經驗無關，我們無法透過觀察來釐清道德的問題，我們用眼睛和耳朵所接收到的感官訊息無法讓我們判斷，一個行動在道德上的優劣。

哲學家：同樣的，味覺、嗅覺和觸覺也派不上用場——我想，我們現在的討論已經碰到一個重點。如果大家都同意您剛剛提出的，道德規範是由人們所制定的說法，那麼，我們可能很難想像如果道德不是由我們制定的，我們怎麼遵守道德規範？而且，實相的觀察在這裡似乎起不了作用。

第二次討論摘要

我們不能認為，道德的制定就是道德的要求，因為我們並不清楚，誰會採取哪一種方式來制定什麼樣的規範。個人或社會似乎都無法把任何一項規範制定成道德規範，而且我們所制定的規範，例如法律，既要能夠、也必須接受更多道德的檢驗和評估。由於針對道德所進行的實際觀察似乎付之闕如，所以我們還不清楚為什麼道德可以不被當作人為的道德制定。

道德相對論的挑戰

讀者：我可以這麼告訴您，為什麼我認為道德準則一定是人為的制定：不然，我們該怎麼解釋，人類對於道德的看法會這麼不一樣？

哲學家：人類真的是這樣嗎？

讀者：那還用說！有人反對較高的賦稅，有人卻支持；有人認為把軍隊派到國外打仗在人道上是必要的，有人卻不以為然；如果您進一步觀察世界上各種不同的文化，就會發現，不同文化之間的道德標準就更不一樣了：有的國家有死刑，有的則已廢除；有的國家政教分離，有的卻是政教合一。如果我們放眼過去的歷史，那麼，不同年代之間的道德差異性就更大了：以前的人並不覺得奴隸制度有什麼不對，現在這項制度卻被認為是一種道德敗壞。

哲學家：不過，您說的這些並沒有全面涵蓋人類在道德觀念上的一些基本分歧點。

讀者：誰說沒有！某些人看來是正確的行動方式，另一些人卻認為是錯誤的。

哲學家：對，不過，看法的出入並不等於爭執的雙方有不同的道德觀。我們現在就用您剛剛所提到的賦稅高低的例子做說明：有一方反對增稅，有一方卻贊成。不過，這項財稅的爭議是不是道德觀的爭議，其實要看雙方在爭執什麼。

讀者：雙方到底在爭執什麼？

哲學家：可能會出現這樣的情況：有一方反對加稅，因為他們相信，較低的稅率可以活絡經濟，大多數人的生活就能因此而有所改善；另一方則贊成增加稅收，因為他們認為，徵收較多的賦稅可以把現有的資源做比較好的社會分配，大部分的老百姓就能過比較好的生活。這兩種相反的主張和做法其實都著眼於提昇大多數人民的生活品質。

讀者：儘管如此，您還是不確定有哪些方法可以讓我們達成這些目標。

哲學家：探討這類目標達成的方法，其實根本不是道德的問題，而是實證的問題。這類實證問題經常出現在政治領域裡，通常大家會出現不同的意見不是因為彼此的道德觀念差距懸殊，而是這類實證問題很難回答。

讀者：這麼說當然沒錯！例如官方在制定經濟政策時，必須顧慮許多面向，也就是所有可能的相關因素。如果改換其他方案，官員和專家們往往會無法掌握可能出現的結果。至於政治領域方面，您真的相信，所有政治爭論都只是手段和方法上的爭執？

哲學家：不完全是這樣，不過，這種例子確實有很多。重視個人自由的人會反對政府增稅，強調所有人都負有社會責任的人卻很贊成，由此可見，社群成員對於價值的判斷有輕重不同，但是幾乎沒有人會相信，個人的自由不重要，或是人們不須要承擔社會責任。總而言之，這裡主要涉及到價值的優先次序。我們昨天也談論過，或許我們可以有足夠的包容心，讓一些不同卻在道德上有同等價值的觀點同時並存。

讀者：不過，如果我們觀察各種不同的族群文化和歷史時代，就會發現人類的道德價值觀在不同的時空下，竟然有很大的差別！

哲學家：當我們和某個文化或時代距離愈遠，基本上就愈難理解這些跟我們處在不同時空的現象。在這裡我想舉一個曾讓愛斯基摩人背負汙名的例子：這個生活在極地的民族過去有個習俗，會把生活失能的父母放到浮冰上，任他們自生自滅地飄入遠方的大海中。

讀者：這聽起來很野蠻！

哲學家：一點也不野蠻！從前愛斯基摩人往往因為食物來源不足而活活餓死，如果還要餵食體弱年邁的父母，自己和下一代就無法在那種冰天雪地的環境裡生存。不過，如果您也把自己的父母遺棄在浮冰上，那才是野蠻！

讀者：全面的理解就意味著全面的包容？

哲學家：不只如此。全面的理解通常代表一個人心裡的了悟：根本沒有什麼要原諒的！我們不只要問自己：「如果換成是我，不也會這麼做嗎？」甚至更要問自己：「如果換成是我，不也應該這麼做嗎？」人類所處的環境既然這麼不一樣，就會面臨許多非常不同的道德要求。

讀者：那麼您認為，古希臘羅馬時代的奴隸制度在道德上是正確的嗎？

哲學家：我認為奴隸制度是錯的，但這只是我的看法，並不是所有曾經生活在這世界上的人類一致的共識。我在這裡只想指出，人們雖然對於道德有不同的意見，不過這種道德觀的分歧性，其實沒有超過人們在其他領域所出現的觀念落差。如果我們回頭看看過去的歷史，就會發現現代人在道德觀念上所表現的差異性其實很小！

讀者：為什麼您會這麼認為？

哲學家：您可以把現代社會和古希臘羅馬時代擺在一起，先比較它們的道德觀念，然後再比較它們的知識觀念。這時您就會發現，人類在道德領域，相對來說，只出現少許改變，相反的，在知識領域上就出現很大的變化。因此，我們現在在討論倫理學時，還會參考古希臘哲學家亞里斯多德的著作《尼各馬科倫理學》（*Nikomachische Ethik*），不過，卻無法從這位大師所留下的生物學著作中學習到有價值的生物學知識。

讀者：西方在知識方面的改變就是進步的表現，所以，我們對於知識的見解完全跟從前的人不同。

哲學家：那您從哪得知人類在道德上沒有進步？摒棄奴隸制度已經成為普世的價值，我認為，這就是人類在道德上取得進步的一個好例子。

讀者：或許吧！不過，您剛剛不也說過，人類的道德準則並沒有跟知識一樣，出現那麼大的改變。這不是前後矛盾嗎？

哲學家：在許多地方，人類的道德觀念並沒有改變，而實際發生轉變的地方，我們都認為那是道德的進步。比方說，生活在現代社會的人也跟古希臘哲學家亞里斯多德一樣，認為友誼對於人類是重要的。又例如，早期的女權運動者必須為了爭取和男性擁有相同的權利而奮鬥，後來有些國家真的實行了男女平權制度，那麼，這種轉變就代表社會的進步。

讀者：那麼，您是不是認為，一些在道德觀念上跟我們不同的民族就是不對的？這種態度不就是帶有文化優越感的沙文主義？

哲學家：就像我前面說過的，首先，我們如果只是檢視人們基本的道德觀念，我會完全不相信，人們在意見上會有很大的落差。第二點，我認為我們經常會有各種不同的機會來處理某一種狀況，而且從道德上來看，都是同樣好的機會，而這涉及到在前面提過的價值輕重問題。第三點，我一向主張當雙方為不同的意見而爭執時，只能有一方是對的，只是還無法斷定誰是對的那一方：是我們？還是別人？

讀者：沒錯！到頭來總是無法斷定哪一方是對的。人們畢竟無法用科學實驗的方法來決斷世人所爭執的問題。

哲學家：您的說法完全正確！我們還是必須跟從前一樣，釐清人類社會的道德規範是如何形成的，畢竟它和一些規範的制定沒有相關。不過，在這裡有一點是可以確定的，我們對於人類在道德觀念所表現的差異性還是不夠清楚明瞭。

第三次討論摘要

許多道德意見的分歧會讓人想到，道德其實只是人為的制定。不是所有針對「人們應該做什麼」所出現的道德意見的不同，都是道德意見的分歧，它們通常只是人對於「什麼是達到被認為具有價值的目標的最佳方法」的不同觀點罷了！此外，我們還必須考慮到，人們如果處於極端的生活環境，該社會就會出現極端的道德要求，而且人們可能會有各種不同卻具有相同道德價值的機會來因應某一種實際狀況。至於其他道德意見的分歧，應該被視為人類社會真正的進步，而且還可以凸顯出過去觀點的錯誤。人們如何能確定，哪些道德判斷是正確的？哪些是錯誤的？人們是否可以正確地評斷道德？這些關於道德的問題還是沒有確切的解答，它們仍舊跟以前一樣存在著。

道德只是純粹的心理投射？

讀者：人們如果相信道德是源自上帝的旨意，當然就會接受道德的客觀約束力。

哲學家：您真的這麼認為嗎？其實人們早就明白，把上帝抬出來可能不會有太大的幫助，因為這關係到兩種同樣棘手的可能性：第一種可能性是，上帝頒下一些道德信條是因為它們的客觀正確性；第二種可能性則指出，道德信條具有客觀正確性是因為它們源於上帝的旨意。就第一種可能性來說，打著上帝的招牌其實無助於道德信條的客觀正確性，因為問題的重點在於，到底什麼是道德信條的客觀正確性？此外，如果道德信條具有客觀正確性，就自然而然會對人們產生約束的效力，至於它們是不是出於上帝的旨意，也就無所謂了！

讀者：這我明白。不過，為什麼人們不認為，根據上帝旨意所訂定的道德信條是對的？

哲學家：如果只有那些源自上帝的道德規範才是正確的道德，那麼評斷上帝本身的客觀尺度就不存在了！不管這位至高無上的神頒下什麼道德誡命，都一概是對的。

讀者：為什麼來自上帝的道德信條有問題？

哲學家：因為，「上帝是善」畢竟是我們對於上帝既有的主觀，因此如果真的有一個獨立存在的客觀尺度可以讓我們來評估上帝，就會比較很有意思。

讀者：如果人們高舉上帝的權威卻無法讓道德取得自身的客觀性，那麼，這實際上便意味著，道德其實具有純粹的主觀性。

哲學家：您所謂的「純粹的主觀性」是什麼意思？

讀者：如果我們覺得某些行動方式不好，便會自己主觀地認為，這種做法從客觀的角度來說是道德的錯誤。

哲學家：英國政治哲學家霍布斯也發表過類似的想法。他認為，人類會把心裡的感受投射在外在世界中，例如如果我們覺得蜘蛛這種會結網的昆蟲很討厭，我們就會說，蜘蛛是種惹人厭的昆蟲。如果我們對某種行動方式起反感，我們便會表示，這種行動是錯誤的。

讀者：霍布斯剛好說出我心裡的話。基本上我認為，道德是人們自己搞出來的。

哲學家：不過，人們卻不能任意制定道德準則，因為我們不可以隨自己的喜好而偏向某個感受。

讀者：是啊！就連在相同的行動中，不同的人也會出現不同的感受，我想，這應該可以解釋，為什麼人類的道德意見確實存在著差異性。

哲學家：沒有這麼簡單！我們如果把道德意見的分歧性只歸因於人們各種不同的感受，這反而會讓我們無法理解，為什麼道德意見會有分歧性的存在。事實上，我們不需要去爭論，蜘蛛是不是令人討厭的動物。我們只要表示，有人覺得蜘蛛很噁心，有人並不覺得。這麼說不就沒事了！要爭執什麼？

讀者：這麼說當然有道理，因為意見分歧的問題大多都不容易解決。

哲學家：我們大概不會說，有些人厭惡種族主義，有些人卻不排斥，然後就沒下文了。我們似乎更傾向於表達，種族主義者是不對的，因此這些人應該改變他們的想法。

讀者：不過，這或許只是暴露出，我們沒有正確了解人類在道德意見上的差異現象。

哲學家：或者，它說明了，道德不單是人們心理的投射。

讀者：我們現在是不是可以先撇下道德意見分歧性這個議題，畢竟我們已經說過了，這種現象其實不常發生。

哲學家：是啊，人類在道德方面確實有某種程度的一致性。那麼，您會不會認為這種一致性是因為人類對於自己所遭遇的種種，經常做出很相似的反應？

讀者：這是不用懷疑的。大部分的人看到有人受傷時，都會流露出同情心，因此，人們在某種程度上會一致認為，必須幫助那些處境困難的人。這種想法一部分來自後天的教育，一部分則是來自先天遺傳的基因，或許人們還可以用演化論來解釋這種現象。

哲學家：完全正確。我們可以簡單地想一下，人際之間的合作對於生存是有幫助的。當社群成員在某種程度上希望能互相幫忙時，就會出現某種程度的利他行動，人與人之間的合作似乎就在這種情況下出現了！

讀者：道德其實就是一張人類的演化表！

哲學家：那麼人們就必須說明，演化論怎麼充分解釋人類那些道德的和不道德的行為傾向。

讀者：有道理，然後呢？

哲學家：人們無法聲稱，某些人類在演化過程中所發展出來的行為傾向就是道德正確的行動方式。其實人類明顯傾向於採取道德錯誤的行動方式，而且根據專家的推測，這些傾向似乎有助於人類的存活，是人類在漫長的演化中所發展出來的。

讀者：我們在這裡能得到什麼結論？

哲學家：把道德存在的理由指向演化還是無法讓我們明白，一個行動到底為什麼是道德正確的或錯誤的。在這方面，道德存在的論證就很像數學的解題推演，人們如果把答案也指向演化，就無法解釋數學的真理是什麼！

讀者：當然行不通，數學是一門完全客觀的學問。

哲學家：不過，數學解題所需要的基本能力，一定也是人類長久以來適應生存環境，並經過天擇的汰弱留強所發展出的結果。不是嗎？

讀者：這麼說有道理，只不過數學領域一直存在客觀的標準。當我們在演算數學習題時，事實上，我們也經常犯錯，因為我們所擁有的相關能力其實不怎麼樣，我們會失算，會得出錯誤的答案等。

哲學家：同樣的，我們在道德方面也是這樣。我們會犯下道德的錯誤，會說謊，會欺騙別人，有時甚至還認為，這種行為是理所當然的。

讀者：嗯，有些人認為這種行為不對，因為他們對於相關的行為有不同的感受。

哲學家：所以，如果有人因為由B導出了A，就下結論說，由A也可以導出B，那麼，只有那些對於這個結論有不同主觀感受的人會認為這是一個錯誤，是嗎？

讀者：不過，數學畢竟是一門探討客觀事實的學問。如果一方是對的，另一方就是錯的。

哲學家：在道德方面，或許情況也是這樣。關於道德和數學這兩個領域，我們可以說，進化論的觀點雖然可能讓我們明白人類相關的能力和限制，不過，我們卻不應該把人類如何、以及為什麼會演化出什麼的答案，和人類演化出了什麼的答案相混淆。

讀者：您真的認為，道德跟數學完全一樣客觀嗎？

第四次討論摘要

把道德的存在歸結於上帝的旨意就可以確定它的客觀性？不，上帝會頒下道德信條就是因為它們本身的客觀正確性。那麼，道德信條的客觀正確性是因為它們源於上帝的旨意？不，這種觀點也很有問題。道德只是純粹的心理投射嗎？如果道德只是人們心理的投射，就很難吻合我們對於道德意見歧異性的觀點。我們似乎認為，人們在面對一些道德問題時，可能說對，也可能說錯。演化論好像可以解釋人類那些傾向於道德正確的以及道德錯誤的行動，不過，這個學說還是無法充分解釋道德和數學的存在。

道德和數學

哲學家：事實上，有些哲學家，例如蘇格蘭當代倫理學家羅斯（David Ross, 1877-1971）就曾表示，把道德和數學做比較可以獲得一些啟發性，特別是道德認知和數學認知之間具有一定的相似性。至於人們在這兩個領域中所觀察到的東西並不重要。

讀者：數學這門學科的特色就在於提出嚴謹的證明，這一點卻是道德所缺乏的。

哲學家：不過，每一項證明都有它的先決條件。數學所提出的嚴謹的證明歸根究柢也只能以第一個前提（erste Prämisse）為基礎，也就是那些不證自明的數學定理（Axiome）。

讀者：哇！這麼一來，那些既有的數學定理不就跟人們所制定的道德信條一樣！

哲學家：您總是愛把道德的制定掛在嘴邊！關於那些不再需要證明的數學定理，人們會在數學哲學（Philosophie der Mathematik）領域裡做相關的研究和討論，不過，您說得對，它們在數學裡的位階真的很有爭議性。我們在比較數學和道德時，應該認為數學定理就是直接顯露人類理性的最根本原則。

讀者：這類原則到底是什麼？

哲學家：舉例來說，如果兩份東西的成分元素相同，它們就是一樣的。

讀者：這還用說！

哲學家：很好！所以您也同意，數學定理可以直接顯露人類的理性，對吧！

讀者：那麼，一些道德的基本法則也可以跟數學定理一樣，直接展現人類的理性？如果是的話，這種說法實在令人吃驚！

哲學家：請您想想「正義是善」這個觀念。難道它對於我們沒有直接的啟發性？

讀者：或許有吧！不過，我們昨天談到的一些基本原則卻有更多的要求。比方說，讓集體利益達到最大值是一項顛撲不破的效益主義原則，但對於我個人而言，這項原則並不是那麼清楚明瞭。

哲學家：我的想法跟您完全一樣。我也認為，「正義是善」這個觀念根本不是什麼道德見解。

讀者：為什麼不是？

哲學家：因為「正義是善」這個觀念是從「正義」這個概念衍生出來的。物質資源如果分配得不好，我們就認為那是不公義。

讀者：不過，為什麼它不該算是道德的見解？

哲學家：就我個人的淺見，「正義是善」這個觀念應該比較像概念性的見解。如果我已經明白「正義是善」，還把它當作道德的見解，問自己該做什麼，這樣的自問根本沒有幫助，只是在轉移問題的焦點而已！

讀者：您認為，人們倒不如乾脆地問自己，到底做什麼是正當的或不正當的？

哲學家：是的！

讀者：難道了解數學定理只是掌握某些概念？

哲學家：這畢竟是可能的解釋。例如，人們可能推測，基本的數學定理都是從數量概念導出的。那麼我們就知道，道德知識其實和數學知識完全不同，因為在道德領域裡似乎不只存在著一些概念性認識。人們畢竟不可以主張，質疑效益主義基本原則的人不了解相關的概念，甚至對這些概念充耳不聞。

讀者：我懂了！不過，如果數學知識同樣也不只是對於某些概念的認識，那會如何呢？

哲學家：那麼，道德知識和數學知識的比較就會比較沒有啟發性，因為接下來自然就會出現這個問題：到底這些數學知識的內容是什麼？

讀者：一般說來，我們總認為，數學是一門關於客觀知識的學科。

哲學家：我們不也認為道德的領域具客觀性嗎？您真的相信，自己的身體不可受外力攻擊和傷害的權利只是一種人為的規定？如果有人無緣無故地折磨您，從客觀上來看，他完全沒有過錯嗎？

讀者：我承認，凸顯道德的主觀性會讓人覺得不舒服。不過，道德怎麼獲得它的客觀性？

哲學家：這確實是個主要的問題。一方面我們堅信，道德是客觀的，因此我們表現出來的行為不會讓人們覺得道德只是出於人們的規定或心理投射。不過，從另一方面來說，我們卻又不認為，道德能多客觀，如果我們想要宣揚道德的客觀性，就會顯出我們所面臨的困境：道德雖然不是只有主觀性，但它卻必須有主觀性。維也納哲學家維根斯坦便認為，「雖然不是，卻必須是」正是哲學問題在本質上的特點。

讀　者：很高興可以聽到您這些見解，那麼我們該怎樣解決道德的主觀性和客觀性的衝突？

哲學家：基本上有兩種方式：第一種方式，我們必須放棄道德客觀性這個根深蒂固的信念，還應該試著讓人們明白，道德是一種規範的制定、心理投射或類似的東西；第二種方式，我們可以繼續努力，讓人們了解道德的客觀性。

讀　者：很顯然的，您比較喜歡第二種方式。所以，您還想繼續比較道德和數學？

哲學家：不必了！我倒認為，把道德和自然科學做比較會有較多的收獲。

第五次討論摘要

道德知識似乎就像數學知識，無法以觀察到的經驗作為立論根據。數學知識是純粹的概念性知識嗎？如果是，數學知識和非純粹概念性的道德知識之間便存在根本的差異性；如果不是，數學知識就和道德知識一樣帶有主觀性，也會有相關的難解之謎。不過比較這兩種知識的性質無法帶來收穫。依照維也納邏輯哲學家維根斯坦的看法，我們所面對的基本難題：道德雖然不是只有主觀性，卻必須有主觀性，就是典型的哲學問題。

道德和自然科學

讀者：我不太了解，為什麼要把道德和自然科學做比較？大家都知道，怎麼得到自然科學的知識，反正就是動手做實驗嘛！不過，在道德的領域內，實驗卻派不上用場！

哲學家：有些哲學家認為，進行道德現象的觀察是可行的方式。

讀者：到頭來，人們要怎麼相信這種道德觀察？我不會看到蓄奴是不好的制度，因為評斷這個制度的好壞不是用眼睛啊！

哲學家：這要看人們怎麼解讀道德觀察。如果人們認為，有人被強迫去做別人要他做的事是不好的，那麼人們就可以觀察到奴隸制度的缺點，因為人們可以觀察到，奴隸會被強迫去做別人要他做的事。

讀者：不過，這並不是人們對於道德的觀察。道德其實就在人們的想法中，人們就是認為，有人被強迫去做別人要他做的事是不好的。

哲學家：或許科學領域也有類似的現象。我們可以用下面這個物理學的例子為例：假設我們手邊現在有一個雲霧室（Nebelkammer）偵測器，可以讓人們用肉眼觀察帶電粒子所產生的軌跡。那麼，我們透過這個儀器看到質子的軌徑，就真的表示我們觀察到質子了嗎？

讀者：為什麼會沒有觀察到？

哲學家：因為質子太小，以至於人類的肉眼無法直接觀察到。從某方面來說，您看到的只是儀器內微小的霧滴，然而，您卻根據某些物理學理論的基礎而把這些霧滴解讀成質子的軌跡。這是非常典型的科學觀察，這些觀察都建立在既有的科學理論上。所以，有些科學家在討論科學理論時會指出，人類所有的觀察其實都受到既有的理論和想法的影響。

讀者：這並不糟糕！

哲學家：還好！我只是想問，如果物理學的觀察是以物理學的理論為前提，為什麼道德的觀察不能以道德理論為前提？

讀者：道德和物理學畢竟不一樣。

哲學家：它們有什麼差別？

讀者：我不知道，要說出它們的差異並不容易。

哲學家：確實不容易，人們對於這點有過許多討論。無論如何，我在這裡已經看到道德和科學之間的差別：人們不會表示自己真的看到質子，因為質子體積過小，無法被人們的眼睛直接觀察到。不過，人們不會表示，自己看到奴隸制度的醜陋惡劣，是因為評判這種制度從本質上來說，不適用觀察的方法，而不是因為蓄奴現象太少、距離我們太遠等而讓我們無法用眼睛觀察到。

讀者：沒錯，這個看法是正確的。「看到」人類惡劣的行徑，就好像「看到」國民生產毛額的數據。

哲學家：這個比喻很不錯，這兩種「看到」都是間接的。對我們來說，國民生產毛額一直具有間接的實證性，至於一項行動的卑劣是因為它本身錯誤的本質。在這裡我們不妨再把道德和數學比較一下：看到人類的醜行就好像看到某份研究報告的數據。

讀者：是啊，不過，原則上這說不通。

哲學家：我認為人們可以試著釐清，為什麼人們無法透過觀察來理解道德：道德告訴我們，做什麼是正確的，道德為我們提出最佳理由，讓我們明白，應該做什麼才算符合理性；至於觀察，只是讓我們看到，這個世界上萬事萬物存在的實際狀況。十八世紀蘇格蘭經驗主義哲學家休謨曾指出，分辨「是什麼」和「應該是什麼」的重要性，萬萬不可以把「實然」當作「應然」的論據基礎。當代英國分析哲學的代表性人物摩爾（George E. Moore, 1873-1958）也在他的著作《倫理學原理》（*Principia Ethica*, 1903）中表示，如果以陳述性自然概念來定義規定性倫理概念，就是犯了「自然主義的錯誤推論」（naturalistc fallacy）。

讀者：您可以舉例嗎？

哲學家：比方說，人們根據在自然界觀察到的弱肉強食的現象就認為，強者應該掌控弱者，這就是所謂的「自然主義的錯誤推論」。

讀者：這種想法是非常明顯的錯誤。

哲學家：實際上也沒有人會公然提出這種錯誤的結論，因為大多數的人傾向把相關衍生出來的想法隱藏起來。如果用自然界生存競爭的例子來說，他們大致上只會含蓄地表示，自然界實際發生的現象總是有它的道理，總錯不了！

讀者：這種想法根本沒有說服力。人生到頭來都要面對生病的困境，這不也是自然現象？所以，人們都活該，都該遭受病痛的折磨？

哲學家：我只是想在這裡清楚指出，人們其實可以透過一些或多或少具有可信度的衍生性想法，來避免讓自己陷入這種「自然主義的錯誤推論」。有趣的是，衍生性想法本身必須屬於應然層面——或是那些可以導出應然的概念，例如，是非善惡的概念——不然，就沒有辦法得出具有價值判斷的應然。

讀者：這麼說來，不只道德和數學的比較沒有意義，就連道德和自然科學的比較也是白費功夫！畢竟道德隸屬於應然層面，而數學和自然科學都不是。

哲學家：乍看之下，似乎是這樣。不過我認為，我們應該更詳盡、更確實地看待自然科學。

第六次討論摘要

我們可以把道德和自然科學做比較嗎？科學的觀察經常以既有的科學理論為前提，所以道德觀察的進行也應該以道德理論為前提？其實，道德領域原則上和我們觀察到的現象似乎沒有關係，因為道德屬於應然層面，觀察到的經驗事實則屬於實然層面。事實的實然無法通向價值的應然，從實然導出應然，就是「自然主義的錯誤推論」。畢竟道德和科學是兩種屬性完全不同的領域。

對於論據的認知

哲學家：現在關鍵的問題在於，是否自然科學也有人們必須了解的應然面？我真的認為，科學也有這個面向。

讀者：為什麼？自然科學不就是在處理自然界的實際現象嗎？

哲學家：對啊！不過，自然科學並不只是純粹描寫自然界的狀態。

讀者：我同意，科學家當然也想了解大自然。

哲學家：人們想透過科學研究做預測，換句話說，人們希望找到，什麼是對未來，以及無法身歷其境去觀察的過去所應該抱持的想法。

讀者：不過，道德卻完全是另一回事。道德領域所關注的應然，是關於我們應該做什麼，而不是我們應該相信什麼。

哲學家：說得好！不過，道德和科學的論據都是對於人類理性的客觀要求。道德告訴我們，做什麼是正確的，應該做什麼，才算符合理性；科學則告訴我們，應該相信未來是什麼，才算符合理性。

讀者：說到理性，現在我們又回到今天對談的起點。我再次問我自己，理性在這裡是什麼？

特別是，理性在道德和科學這兩個領域中，是不是一樣的？

哲學家：我覺得，理性在這兩個領域裡都和客觀論據的合理化有關，不只是沒有矛盾而已。

讀者：我不同意這點。人們其實可以透過簡單的推論來預測事物的狀態：如果我對中學物理課的電學原理沒有理解錯誤的話，在同一個電線迴路中，電流強度會隨著電壓設定的升高而變強，這是自然定律。我們可以從電流強度和電壓成正比的物理定律中直接導出一個結論：如果人們把電壓提高的話，電流就會增強。

哲學家：您說得對。一旦我們認識了這些自然法則，就會自然而然地認為，該相信什麼才算合乎理性。如果我們接受歐姆定律（das ohmsche Gesetz）後，還跟這條自然定律唱反調而矛盾地表示，當人們把電壓升高時，電流強度會減弱，這就是非理性。

讀者：您剛剛說過，在道德的框架下，理性並不只是沒有出現矛盾，而是跟客觀的論據有關。這麼說來，科學的理性和道德的理性是不一樣的。

哲學家：一旦人們了解自然的定律，理性就發揮了作用。不過，關鍵問題卻在於：人們到底如何得出這些自然定律？

讀者：透過觀察。

哲學家：但是，自然定律已經超越我們所觀察到的訊息，不然，我們不會依據這些定律來預測接下來會發生什麼。我們無法從我們所觀察到的現象導出超越我們觀察經驗的東西，經驗主義哲學家休謨就曾經一針見血地指出這個歸納法的問題：人們不可能從有限的觀察資訊中，歸結出具有普遍性的法則。

讀者：但是我們不是經常在下這類的結論嗎？到目前為止，太陽總是早上從東方升起，因此未來太陽也會在早上從東邊升上來，除非宇宙天文的秩序突然出現徹底的大變動。

哲學家：這並不是合乎邏輯的推論，也就是說，雖然它的前提真實無誤，人們也可能做出錯誤的結論。在這裡我們可以舉英國哲學家羅素（Bertrand Russel, 1872-1970）說過的火雞的故事為例。有隻火雞被送進火雞飼養場裡，日子一天天地過去了，牠逐漸注意到，每天早上總是有人拿飼料來餵牠，經過一整年後，這隻火雞便歸納出一個結論：牠以後會一直在早上被餵食。沒想到快接近耶誕節時，牠不但沒有吃到早上固定送來的飼料，反而還被抓起來宰殺，成了耶誕夜應景的火雞大餐。

讀者：既然歸納法會出現錯誤，人們怎麼會發現自然定律？

哲學家：這是科學理論的核心問題之一，之前已經有很多科學家做過相關的討論。我個人認為，當人們在運用觀察到的信息時，也必須考慮它們其實不是恆常必然的事實，而是非邏輯性論據（nichtlogische Gründe），這才是唯一可以解決歸納法問題的答案。比方說，我們已經好幾次親眼觀察到，通過導體的電流強度會隨著電壓的升高而增加，於是這幾次實驗觀察的結果就讓我們認定這是一項關於電學的定律。其實，前幾次的實驗結果並無法作為這個電學現象的邏輯性論據，如果下一次的實驗出現跟前幾次實驗不一樣結果時，也不該把它們當作前後矛盾的現象。

讀者：我們可以再做一次實驗，看看會得出什麼結果。

哲學家：那麼，我們就多了一個觀察的機會，只不過基本的情況並沒有改變：只有當我們能把某些事實當作是預測某些現象的非邏輯性論據時，才會出現科學的知識；只有當我們能把某些事實當作是某些行動非邏輯性論據時，才會獲得道德的知識。

讀者：我想，我們應該都會贊成，人們其實無法透過觀察實際的情況來達成道德的共識。

哲學家：而且嚴格說來，也無法透過觀察來取得道德存在的依據。通常我們會觀察到某些事實，然後把這些事實當成論據，也就是說，當成科學預測的論據，或是當成道德行為的論據。我們會選擇性地把某些事實當作某些主張的論據，至於其他存在的事實則不予理會，因此，我們得出的結論其實不是出於實際的觀察，而是受到主觀意識左右。

讀者：我們採用某些觀察到的經驗做為某些主張的論據而忽略掉其他的經驗，這種操作難道不是出自純粹的主觀性嗎？

哲學家：我應該不會這麼認為，因為一方面我們不可以為了某些自己的主張而刻意揀選一些自以為是的論據，另一方面我們又必須維護自己的觀點。我想，如果我們先從一些「符合人類天性的」觀點來看科學的預測和行動的理由，我們就會認為，一個理性的人會基於他的觀察而有某些期待，會採取某些行動來回應某些事實。

讀者：您會想到哪些例子？

哲學家：比方說，如果有人認為，太陽至今都在早晨升起的觀察不可以當成未來太陽也會在早上升起的依據，而是把它當成其他事情的依據，或者根本不是什麼依據時，那麼，這個人其實一點也不理性。如果有人不把他自己或別人所遭受的身體疼痛視為應該接受相關醫療處理的理由，那麼，這樣的人也不理性。非理性在此行不通，我們只能說，一個理性的人在理論上和實際上會先這麼理解這個世界，在這個脈絡下，我們會把這樣的人當作是「理性的人」。

讀者：不過，您剛剛不也說，我們必須維護自己的觀點？我們到底該如何維護自己的知識觀和道德觀？

哲學家：當我們注意到，我們的期待跟反應和現實情況格格不入時，我們那些「符合人類天性的」的期待和反應，就會因為歲月所累積的經驗而愈來愈精確，當然，其中還有部分會被修正。雖然，我們對於科學的預測和行動所憑恃的論據是從直覺性觀念開始的，不過，我們也會根據後來出現的新發現來擴展自己於個別情況的判斷，並且有系統地把這些個別的判斷轉化成一般性觀念、科學理論和道德理論。現在我們再回到太陽的例子：一個理性的人雖然把日出至今都在早晨發生的現象當作日出往後還會繼續在早上發生的依據，不過，人們的天文知識也會隨著時間所累積的觀察經驗而精確化。我們終究會認知到，「截至目前為止，太陽都在早上東升」的事實並不能成為「太陽總是在早上東升」這個信念的依據，因為我們也有理由相信，宇宙會隨著時間而發生變化。

讀者：那麼，在道德方面呢？

哲學家：首先，我們或許會認為，一個行動所造成的痛苦是停止該行動必要而迫切的理由。不過，我們後來會發現，在某些情況下，忍受痛苦是值得的，比方說，躺在躺椅上接受牙醫的治療。總歸來說，隨著經驗的增加，我們就會用實際的理由來細緻化我們的「理論」。

讀者：我們在個別情況下認為是對的事，對於既有的系統性理論來說，卻往往只是種測試。

哲學家：情況大致是這樣：我們在做思考時，通常會把對於個別情況的直覺和普遍的理論同時納入考慮。不過，就像美國哲學家羅爾斯提過的，如果理論和個別情況的直覺出現太多衝突時，我們就不再採納相關的理論。同樣的，不論在科學或道德領域裡，如果個別情況所給我們的直覺和既有的理論格格不入的話，我們就會揚棄個別的經驗。這個相互修正的過程需要經過許多世代，人們在知識傳承的過程中，會把既有的知識經由（道德的和科學的）訓練和教育繼續傳遞給下一代。不過，這套學習和訓練必定會不斷受到人們對於生活周遭的理性反應的衝擊。

讀者：我絕對相信，道德和科學之間有一定的平行關係。坦白說，我會問自己，我現在是不是真的比較理解，道德如何具有它的客觀性？或者，我是不是反而比較不能了解科學的客觀性？

哲學家：這不能怪您。但我們總可以說：沒有人當真會去質疑科學的客觀性，而且如果道德在這方面也和科學一樣的話，那麼我們也不該去質疑道德的客觀性。

讀　者：關於這方面的討論，我覺得我還需要靜下來想一想。

第七次討論摘要

科學在教導我們應該相信什麼，科學的論據就是對於人類理性的客觀要求。理性不只是沒有想法上的矛盾，而且還是客觀、非邏輯性論據的合理化。科學和道德的探究都是關於客觀的論據，我們知道，理性的人會先把某些觀察到的事實經驗當作科學預測及行動的依據，然後會參考一些新發現的經驗來修正自己原先的觀點，並把這些觀點整合成全面性理論。「思考的平衡」（Überlegungsgleichgewicht）是探討科學和道德的主要方法，因此，道德也可以跟科學一樣客觀。

星期四

我們能知道什麼？

懷疑論的挑戰

哲學家：我們的對談需要一個禮拜，在進入下半場前，我可以請您吃點什麼嗎？好吃的餅乾或是來一杯淡味果汁汽水①？

讀者：來杯飲料好了！謝啦！

哲學家：請用吧！這是您的淡味果汁汽水！

讀者：嗯，好喝極了！

哲學家：而且低糖的飲料喝起來很健康。

讀者：昨天我們談到哪？

哲學家：昨天我們曾問到，道德、數學和自然科學的知識是怎麼成立的？這個問題也可以幫助我們檢驗其他領域的知識，比方說，美學或宗教。不過，我們今天應該再往前跨一步，討論更根本的問題：我們是不是真的能夠知道什麼？

讀者：實際上，我經常問我自己這個問題，而且坦白說，我認為嚴格說來，人類其實沒辦法真正知道什麼。

哲學家：為什麼您會這麼想？

讀者：因為，人們對於知識的掌握從來就沒有把握，儘管他們經常認為自己知道些什麼，不過後來事實的結果卻證明，他們的看法是錯的！

哲學家：這麼說當然很有道理。但我們也可以這麼說：人們經常會相信，自己知道些什麼，而後來的事實結果也沒有證明他們的看法是錯的！

讀者：不過，人們後來還是可能發現，事情的發展並不是自己所想的那回事！

哲學家：或許我們所知道的例子對於知識的要求不一樣。如果您說，人們對於知識的掌握從來就沒有把握，您這時到底想到了什麼例子？

讀者：例如科學的知識，在這個領域裡，觀念不斷改變，最新的科學發現往往很快就過時了。

哲學家：我反而想到和日常生活有關的知識。例如，我知道我現在正和您聊天，這個房間的牆壁是白色，今天的天氣很好等。人們要搞錯這些平常的訊息，似乎非常不可能。

讀者：不過，這類知識本身也不是確鑿無疑的。

哲學家：我認為，人們通常不只掌握一些絕對明確的訊息，人們還知道一些日常生活的資訊，只不過這類生活訊息的品質不需要符合高精確度的要求。如果我現在問您，知不知道今天星期幾，您應該會毫不遲疑地回答「嗯，星期四」，即使您無法絕對肯定。

讀者：依我看來，人們並沒有精準地掌握日常生活的訊息。我只想指出，人們可能會在平常的生活裡弄錯一些事情。

哲學家：真的是這樣嗎？我們現在可以談一下這個例子：我相信，我們正在聊天。這我怎麼可能弄錯？

讀者：也可能是您夢見自己在聊天啊！這不就是哲學史上一個著名學派的思想？您是哲學家，要我來告訴您這一點，我倒是有點訝異。

哲學家：我當然知道，而且這個學派還是很重要的思想學派，也就是懷疑論②。懷疑論者一再提出夢的論證，不過我覺得這種主張並不特別具說服力。

讀者：為什麼？如果我無法辨別夢境和真實世界，那麼我也沒有辦法知道，我現在是不是在聊天，還是夢見自己在聊天。

哲學家：我們當然可以分辨夢境和真實世界的差別，請您試著回想一個距離現在最近、自己仍記憶猶新的夢。您真的會當真地說，您在睡醒後所經歷的一切真的跟夢境沒有差別嗎？

讀者：確實不一樣。不過，我不太清楚，該怎麼描述它們的差異。

哲學家：比方說，我們可以表示，夢中的一切比較是我們自己的想像，而不像真實的覺察。舉例來說，有許多東西在夢裡是不確定的。這樣吧！請您現在試著想一個男人。

讀者：沒問題！

哲學家：那麼，這個浮現在您腦海裡的男人穿的鞋子是黑色還是咖啡色？

讀者：倒沒有去想他會穿什麼顏色的鞋子。

哲學家：夢就是這樣。如果我們夢見一棟房屋，那麼，夢境中的屋舍並不是我們所看到的房子，反而比較是我們所想到的房子。因此，許多關於這個房子的訊息在我們的腦子裡是空白的。夢中的知覺經驗不論多麼生動，都不是真實發生的，夢與夢之間經常沒有關聯，而且夢境的內容混亂，經常讓人摸不著頭緒，除此之外，我們還可以很有把握地說出夢境和真實世界有哪些不同。英國當代分析哲學家奧斯汀（John Langshaw Austin, 1911-1960）在探討這個問題時，曾經語帶諷刺地表示：如果夢境和夢醒時的經驗，從質的方面來說，真的無從分辨，藝術家在賦予作品一種夢的質感時，就不會出現困難，甚至他的作品都無法避免地出現夢境的連結，這是由於所有的經驗在本質上都是夢的緣故。這當然是奧斯汀的玩笑話！我不認為我需要問自己，現在是不是在做夢！

讀者：不過，您剛剛不是說，懷疑論者總是一再提出夢的論證。

哲學家：確實是這樣，不過，懷疑論哲學家從不把這些關於夢的論證當一回事。對他們來說，這些說詞和人們真正的夢境根本沒有關係，他們只是想藉夢的論證來闡明，人類的感官知覺和感受可能完全脫離這個真實的世界，並進一步地質疑人類的經驗知識。

讀者：就像電影《駭客任務》所告訴我們的？如果我記得沒錯的話，我們在星期一那天，曾經稍微提到這部影片。

哲學家：沒錯，主張「普遍懷疑」的法國哲學家笛卡兒（René Descartes, 1596-1650）在他的傳世名著《沉思錄》裡，不只推衍「夢的論證」，還接著提出「惡魔論證」來說明我們所相信的一切都可能出現錯誤。這位歐陸理性主義的開拓者指出，人類不只可能受到夢境的迷惑，還可能受到惡魔的欺騙。假設這個世界是由某個法力無邊的惡魔（genius malignus）所控制，這個惡魔會灌輸我們一些完全錯誤的觀念和信念，惡意欺騙我們的知覺和認知。接下來就會出現一個問題：我們從哪裡知道，我們不是一直被這個惡魔所欺騙（或者，對我來說，被配備超級電腦的外星人欺騙）？

讀者：答案是，我們無從知道。就像我在前面說過的，人類無法完全確信什麼！

哲學家：如果我們無法完全確信什麼，其實並不糟糕，因為我們已經知道，平日所意識到的知識完全不要求絕對的精確性。不過，我們似乎無法完全明確排除自己會受到邪靈惡魔欺騙的可能性，似乎也沒有理由比較相信，現在是在真實世界裡聊天，而比較不相信我們的聊天是惡魔用來迷惑我們的幻覺。這意味著，即使我們對於知識的真確性只有低度的要求，我們還是無法獲得知識。如果我們相信，我們是在真實世界裡聊天，那就是完全任意的論斷。

讀者：我覺得，懷疑論者太誇張了！我可以認同，我們總是應該考慮到自己的看法會出錯。不過，我們所深信的想法也不完全是任意的論斷。

哲學家：這當然沒錯！如果事情有兩種可能性，而您毫無根據地傾向於相信一種而忽略另一種可能性，那麼，這就是完全任意的獨斷，如果您還相信，其中一個可能性會實現，那麼，這就是非理性。請您想想，您沒有理由傾向於相信自己支持的手球隊會贏得週末的比賽，而比較不去相信這支心愛的手球隊會在週末的賽事裡輸球。然而，您現在卻堅信，這支手球隊會在週末的球賽中獲勝，很明顯的，這就是非理性。其實您可以明確地不要求預先知道，是否這支球隊會贏得週末的比賽——雖然人們沒有嚴格地理解「知道」這個動詞！

讀者：那麼，您的意思是，如果我們相信我們現在正在談話，所在的房間四面牆壁是白色的，今天是星期四等信息，也算是不理性的？

哲學家：我不會這麼認為，不過，這似乎是懷疑論者的想法。這個派別的哲學家所懷疑的東西，大多是我們平常不會懷疑的。懷疑論者提出惡魔會魅惑人類、欺騙人心的說法，而我們卻沒有辦法提出反證來否定它的可能性，因此，懷疑論者便可以主張，我們所有的信念其實完全站不住腳，根本沒有合理的依據，就連一些不要求高度準確性的日常訊息，我們也沒有把握。

讀者：畢竟這說不通啊！

哲學家：不管怎樣，這就是懷疑論所帶來的挑戰。

第一次討論摘要

我們可能會被一切我們信以為真的想法所欺騙。雖然，許多日常的信念極不可能出錯，不過，這類訊息卻無法達到絕對的精確，當然，絕對的精確也不是日常知識的必要條件。「夢的論證」（如果人們不過於把它當一回事的話）以及「惡魔論證」似乎指出，人類可能會被夢境的特殊感官經驗以及外在邪惡勢力欺騙，因此，人類的信念是沒有根據的，不管我們對於知識精確度的要求有多麼低，我們就是無法獲得真正的知識。這是懷疑論所帶來的挑戰！

什麼是知識？

讀者：我們該如何面對懷疑論的挑戰？

哲學家：第一個步驟應該是讓自己更清楚，到底什麼是知識？

讀者：關於知識，我們應該弄清楚什麼？

哲學家：哲學家嘗試澄清概念的方式在於提出本質的定義，這種定義如果個別來看，就是必要條件③，如果統合來看，則是充分條件④。

讀者：這您就必須說清楚了！

哲學家：我在這裡舉一個簡單的例子：何謂單身漢？單身漢是指未婚的男性。未婚和男性這兩種身分是單身漢的兩個必要條件。這兩個條件如果個別來看，未婚和男性就分別是單身漢的必要條件，也就是說，不是男性，就必然不是單身漢；不是未婚，就必然不是單身漢，「若無～即無～」就是必要條件的陳述。如果把未婚和男性這兩個條件統合在一起，未婚的男性就成為單身漢的充分條件，換句話說，未婚男子就是單身漢，「若有～即有～」就是充分條件的陳述。

讀者：我們現在要為知識尋找本質的定義嗎？該如何進行？

哲學家：您只要考慮，在哪些情況下人們可以認為某人知道什麼，而在哪些情況下人們可以認為某人不知道什麼。比方說，人們如果連自己都不相信冰箱裡還有果醬，那麼他幾乎不能說，某人知道冰箱裡還有果醬。

讀者：您的意思是，人們的信念是知識的必要條件嗎？

哲學家：沒錯！所以，連自己都不相信的信念就不算是知識。不過，您認為對於知識來說，這樣就夠了嗎？

讀者：不，當然不是。人們有時會出現認知的錯誤。

哲學家：因此，真實性也是知識的必要條件。您或許會說，每一個具備真實性的想法也算是知識？所以，把真實性和信念這兩個條件統合在一起就是知識成立的充分條件？

讀者：嗯，如果人們只是在偶然的情況下得到正確的信念，那會怎樣呢？就拿那些相信占星術的人為例好了！如果有人依據星座的位置而相信自己將會中樂透，後來這個人確實在偶然巧合的情況下中了樂透。此後，他對於占星術就有了真實的信念，不過，這並不是知識。

哲學家：因此，許多哲學家相信，知識的成立無論如何還必須有相當的證據或理由，所以證成（Rechtfertigung）是知識的第三個必要條件，證成的真實信念才算是知識。我們可以這麼說，支持占星術的人在他的信念中缺少充分的理由或證據的支持。

讀者：那麼，知識成立的必要條件現在是不是都齊備了？知識是不是可以等同證成的真實信念？

哲學家：實際上，這是對於知識的標準分析，古希臘哲學家柏拉圖早在兩千多年前就採取非常類似的分析方式，西方哲學界一直到最近這五十年才重新深入思考，為知識下定義會碰到哪些困難。有個著名的哲學案例曾指出，事實上，不是每個證成的真實信念都是知識：克勞蒂亞去一家公司應徵工作，她有充足的理由相信，她的競爭對手法蘭茲將會被這家公司錄用，而不是自己。比方說，公司的老闆可能已經給她某些訊息或相關的暗示。除此之外，克勞蒂亞還有充足的理由相信，法蘭茲長褲的口袋裡放有十個錢幣。或許她曾親眼看到，法蘭茲把那十個錢幣塞進長褲的口袋裡。克勞蒂亞思考了一下，然後做出一個結論：獲得工作機會的人口袋裡會有十個錢幣。後來事實果真顯示，被這家公司錄取的人口袋裡確實有十個錢幣。

讀者：克勞蒂亞有證成的真實信念，因此她知道，獲得工作機會的人口袋裡有十個錢幣。那麼，問題出在哪？

哲學家：這個問題在於，公司的老闆在最後一刻突然改變心意，決定錄取克勞蒂亞，不過，克勞蒂亞並不知情，而且很意外的，她的口袋裡也有十個錢幣，這件事竟然連她自己都不曉得。

讀者：雖然，拿到工作的人口袋裡有十個錢幣是克勞蒂亞證成的真實信念，不過，難道我們不可以認為，克勞蒂亞知道那個獲得工作機會的人口袋裡有十個錢幣？

哲學家：事情就是這樣。克勞蒂亞說，得到那份工作的人口袋裡有十個硬幣，不過，卻不是她認為口袋裡有十個錢幣的法蘭茲，由此可見，克勞蒂亞說中事實只是出於偶然。隨機的偶然性和知識似乎格格不入。

讀　者：所以，您可能會認為，知識無法和證成的真實信念劃上等號。很抱歉，我不想對別人不禮貌，不過，哲學家真的要鑽研這麼稀奇古怪的例子嗎？我比較相信，哲學只是在探討一些非常基本的東西。

哲學家：您認為，懷疑論者所挑戰的知識問題是非常基本的東西嗎？

讀　者：沒錯，我是這麼想的。

哲學家：懷疑論者所挑戰的知識問題，其實是因為這個學派在論辯時採用非常特定的知識觀點。如果我們能夠理解他們所帶來的這項知識論的挑戰，甚至還願意去面對它，那麼，我們一定要先釐清，什麼是知識？美國當代哲學家蓋提爾（Edmund Gettier, 1927-）就曾經直接舉例說明，知識和證成的真實信念並不是同一碼事。

讀　者：不過，哲學的案例從來不會發生在現實世界裡。

哲學家：哲學家所舉的例子會不會在現實中出現並不重要！如果我們認為某個人的說法不是知識，雖然這個人具有證成的真實信念，那麼這些構成知識成立的條件對於這個知識來說，就不算是充分的條件。只要人們依舊只把目光停留在日常生活的情況，就不會注意到這項來自懷疑論的挑戰。

讀者：好的，我明白了！那麼，到底什麼是知識？

哲學家：我已經說過了，這個問題在最近這五十年裡出現過許多相關的討論，哲學界會出現這個現象不只由於人們受到來自懷疑論的挑戰，而是哲學家想更準確地知道，什麼是知識，另一方面還因為這個知識論的問題本身就很有趣。

讀者：人們討論一個知識論的問題為什麼能持續五十年？人們如果找到知識的第四個必要條件，那麼這個爭論或許就可以終結了！

哲學家：許多哲學家起初也一定這麼想，不過實際的發展卻顯示，要找到構成知識的所有正確條件卻非常困難。當一個新的定義被拋出時，往往過不了多久就會出現一個反例來駁斥它。這種言論交戰的情況曾在哲學領域裡持續一段相當長的時間。我再舉一個例子，不過我想先知道，您認為，克勞蒂亞的看法在論證方面有什麼不對的地方？

讀者：她的說法是以法蘭茲獲得工作機會為出發點，而事實卻不是這樣。

哲學家：因此，這裡可能出現一個讓人容易理解的知識定義：如果人們有一個相當於證成的真實信念，而且它的推論不是出於錯誤的想法，人們就能精確地知道，真實是什麼。

讀者：有道理！這個定義是不是也有反例呢？

哲學家：我剛剛就想說這個例子。有個叫亨利的人開車經過一個風景優美的地方，當他從車窗望出去時，看到遠處有一座穀倉，眼見為憑，他心中便篤定地形成一個證成的真實信念：這個地方有一個穀倉。不過亨利卻不知道，這個地區其實有許多因應造景需要的假穀倉，如果他這時也從車窗看見它們，而沒有就近瞧一瞧，就會認為它們真的是穀倉。至於他從車窗所目擊的穀倉，碰巧是這個地區唯一的真穀倉。

讀者：那麼，他的信念也只是隨機觸及到的事實，所以不能算是知識？

哲學家：這次亨利並不是以錯誤的前提做為論證的基礎。因此亨利有充足的理由相信，那裡有個穀倉，畢竟這是他親眼看到的。

讀者：嗯，我知道了！要為知識下個定義，實際上沒那麼簡單！

哲學家：確實不容易，光是這方面的論文就有好幾百份！

讀者：這太恐怖了吧！這就是哲學嗎？

哲學家：其實哲學家長期下來也吃不消，不過，這個知識定義的問題有它自己發展的能動性。研究知識論的人心裡總在想，必須給「知識」一個簡單的定義，儘管經過許多努力，似乎就快要達成時，最後卻還是無法找到一個真正恰當的定義。這絕對是典型的哲學研究：起初只是一個概念上的小問題，卻一直找不到答案，後來哲學家們才注意到，問題其實比原先所認為的還複雜。

讀者：這個問題還暗藏什麼玄機嗎？

哲學家：這個問題的複雜性在於，要徹底掌握知識的本質及證成並沒有這麼容易。就我們追求知識定義的目的來說，如果我們直接表示，知識就是正確證成的真實信念，那麼我們的問題至少暫時得到解答。克勞蒂亞所提出的論證雖然有道理，但那畢竟是錯誤的，開車的亨利也是這種情形。這兩人都碰巧說中了事實，但他們的論證卻有問題，因此他們的說法都不是知識。

讀者：我們難道不繼續討論，什麼時候人們可以擁有一個正確證成的信念？好吧，我們現在先擱下這個議題不談，但我是要聲明，以後有機會，我還是很想再深入思考這個問題。

哲學家：您看吧！現在您總算能體會，為什麼哲學界需要花五十年來討論這個主題！

第二次討論摘要

賦予知識一個本質的定義並不容易，就算人們覺得即將獲得問題的答案，最後似乎總是和它擦身而過。我們很難透徹地掌握知識的本質和它的證成。當然，如果我們不要過於苛求，一定可以為知識下個定義：知識是正確證成的真實信念。

再次面對懷疑論的挑戰

讀　者：您認為，前面我們所討論的知識定義可以讓我們比較了解懷疑論者所提出的挑戰嗎？

哲學家：沒錯，也就是說，我們現在可以比較清楚知道，為什麼懷疑論者會認為人類一切知識都不是真確無誤，因為我們從來都沒有能力滿足一項知識成立的必要條件。

讀　者：您是指知識的真實性這個條件？

哲學家：不，問題不在於真實性。懷疑論者的批判重點不是人們所有信念都是錯的。這個學派的人哪能一一處理人們的信念？他們更要質疑的其實是人們自以為自己的信念是有合理的根據。

讀　者：我們不該相信自己的信念是真知識，因為我們總會搞錯，例如我們會被惡魔欺騙？

哲學家：是啊！懷疑學派的論調就是要指出人類認知能力的有限性，因此人類總會出現認知的錯誤。即使實際上我們擁有正確的想法，也就是真實的信念，然而它們卻不是正確證成的真實信念，所以人類從來沒有獲得真正的知識。除此之外，懷疑學派還提出另一項論證，讓我們更清楚，為什麼我們無法滿足知識證成的條件。您或許可以說說看，我們必須做什麼，才能證成一個信念？

讀者：人們必須提出支持信念的理由。

哲學家：為此，人們又必須去了解理由的根據是什麼，也就是說，人們必須交代理由的理由。

讀者：我看到問題出在哪了！如果要不斷說明理由，這會沒完沒了！

哲學家：處理這個問題到頭來會落入三種情形。首先，因為人們必須不停尋找理由的理由，以這種方式不斷追問下去就會陷入「無限後推」（ein infiniter Regress）的窘境，無法完成這個論辯。第二，人們在追問理由的過程中，選擇在某個時候突然終止推論，不再繼續尋找理由的理由，因此所持有的最後一個理由會不夠充分（人們會因此而淪於獨斷）。第三，人們在追問理由的過程中，會在某個時候碰到先前論證的理由，並不斷重複這組環環相扣的理由而落入循環式論證（zirkuläre Rechtfertigung）中。由於古希臘懷疑論派哲學家阿格里帕（Agrippa the Skeptic）曾提到這些知識論證的困境，因此有些人就把這種現象稱為「阿格里帕的三難」（Agrippa-Trilemma）。此外，這三種論證困境還因為德國當代批判理性主義的代表哲學家亞伯特（Hans Albert, 1921-）所講述的一個故事而被稱作「閔希豪森的三難」（Münchhausen-Trilemma）。在這個故事裡，主角閔希豪森男爵聲稱，他把自己的頭髮用力往上拉提，最後終於把陷入沼澤中的自己和自己乘騎的那匹馬救上岸。

讀者：那麼，您認為，知識在這三種的任何一種情況下都無法獲得證成？

哲學家：這是懷疑論者的看法。他們認為，人類從來都無法滿足知識成立的必要條件，無法獲得證成的信念。所以他們主張人類沒有任何知識。

讀者：請等一下。我覺得，懷疑論者終究還是陷入一場自我的矛盾。這個學派的哲學家聲稱他們知道人類無法知道什麼，這是說不通的！

哲學家：把懷疑論者所提出的命題套用在他們自己身上，確實是個好主意，這在哲學領域裡其實是很重要的論證模式。懷疑論的自我矛盾就好像有人高高坐在樹木的枝條上，卻拿刀要把樹枝鋸斷，讓自己從樹上跌下來。您剛剛說得對，懷疑論者的主張實際上是在剷除自己的立足點。

讀者：這不就像一個著名的哲學問題：一個克里特島的哲人說，克里特島的人都在說謊？

哲學家：不完全是這樣。您提到的這個哲學問題其實是種弔詭（Paradoxie）。如果那個克里特島的哲人說：「我在說謊。」那麼，他所說的究竟是實話還是謊言？

讀者：我知道這是個思維的陷阱：如果這個哲人的敘述為真，那麼就如同他自己所說的，他本身在說謊，因為他既然是克里特人，就必然是說謊者。如果他說的那句話是謊話，那麼克里特島的人就不是說謊者，所以他這位克里特人說「克里特島的人都是說謊者」這句話便是實話。如果這位克里特哲人所言為真，那麼身為克里特人的他就是在說謊；如果這位哲人所言為假，那麼身為克里特人的他就是說了真話。

哲學家：沒錯，在這種弔詭的論證中，我們可以從陳述的真實性導出它的錯誤，也可以從其中的錯誤性導出它的真實。至於您對於懷疑論的批評卻是不一樣的情況：如果懷疑論者聲稱知道人類無法知道什麼，我們就可以從懷疑論者陳述的真實性導出他們的錯誤；不過我們卻無法從他們的錯誤再導出真實，因為如果身為人類的懷疑論者並不知道人類無法知道什麼，就無法推論出：懷疑論者知道人類無法知道什麼；不過，卻可以推論出：懷疑論者並不知道人類無法知道什麼。

讀者：那麼，懷疑論派的哲學家們能夠脫離這種思維的困境嗎？

哲學家：要為這個問題尋求一個好的解答根本不容易！早在古希臘時代，就有一位懷疑論者對於自我提出質疑，他曾表示，完全不指望自己能知道人們無法知道什麼。

讀者：那麼為什麼這位古希臘懷疑論者的論證值得一提？

哲學家：這個論證應該可以啟發我們，放棄知識的追求，更清楚地說，這個論證可以讓我們不擁有任何的信念。

讀者：為什麼不擁有信念是好的？

哲學家：古希臘的懷疑論主要是想為人們指出一條通往幸福人生的道路。這些懷疑論者認為，人們特別會因為所有事情都可能發生在自己身上而感到不安，失去生活的幸福感：人們會害怕自己努力的生活目標是錯誤的，或害怕無法達到自己設下的目標，或是達到目標後，又失去它。如果人們拋開自己對於生活目標的判斷，就可以擺脫這些焦慮。普遍拋除自己對人事物的判斷，就可以讓內心處在平靜祥和的狀態，我們也能因此擁有美好的人生。

讀者：這種幸福學說真是稀奇……

哲學家：您真的這麼認為？其實這種論證只是大家都熟知的生活策略的極端型式而已。請您現在回想一下，如果我們周遭的人碰到一些不愉快或不順利的事，我們會怎麼安慰他們？我們通常會說：「誰知道呢？塞翁失馬，焉知非福？」這就是這個論證的重點所在：沒有人知道事情的禍福，所以不該患得患失。懷疑論在這裡為我們點出了幸福生活的方式。

讀者：實際上，我們可以經常讓自己的心境更加泰然和從容，不過如果對於所有的一切都要處之泰然，那可能又矯枉過正了！總而言之，生活中應該多一點無所謂的態度，既不要有過多的憂慮，也不要覺得周遭的一切都無關緊要。

哲學家：我們或許應該把懷疑論的觀點當作一帖生活藥劑，用它來撫平內心的不安和傷痛。如果某些問題特別困擾我們，不妨運用懷疑論的論證以獲得內心的平靜。如果該處理的問題並沒有為我們帶來負面的干擾，就可以把懷疑論擱在一邊。

讀者：不過這行不通！懷疑論的論證就在那，人們要使用這論證，就必須全面採用。

哲學家：有位當代哲學家就是這麼主張。或許這就是古典懷疑論和現代懷疑論最主要的差別：古典懷疑論派特別著眼於如何經營美好的人生這個實際目標，而現代懷疑論派，如十七世紀法國哲學家笛卡兒，則把懷疑論對人類知識的挑戰視為一般哲學理論問題，廣泛忽略了懷疑論的觀點對於現實世界可能產生的實際效應。

讀者：那麼，現代懷疑論者怎麼回應人們批評懷疑論自相矛盾的立場？

哲學家：現代懷疑論者如果願意限制自己的主張，倒不失一個可能的方法。他們可以表示，人們關於世界的信念只要有論據，就算是知識了！

讀者：為什麼這個說法可以幫助現代懷疑論者處理舊有的批評？

哲學家：因為他們思考的唯一前提是：他們知道「知識」和「證成」是什麼，不過他們並不要求人們掌握關於世界的知識。

讀者：但是懷疑論者畢竟曾對人類及身處的世界表明過見解：人們什麼都不知道！

哲學家：不，懷疑論者其實聲稱人們無法知道什麼。如果他們的見解是對的，那麼這個說法應該是直接從知識的概念導出的。這就像有稜角的圓圈並不存在的結論，其實也是從有稜角的圓圈這個概念導出的。既然有稜角的圓圈不可能存在，這個說法就不是關於世界的知識！人們通常只會針對個案表示，某個概念有內在的矛盾，懷疑論者則普遍指出，人們的知識概念，更準確地說，關於世界知識的概念有內在的矛盾。

讀者：而且懷疑論者知道，不需要為自己的主張提出根據？

哲學家：因為他們熟悉知識的概念，他們知道，嘗試為自己的主張提出支持的理由，就會落入前面提到的三個困境，單單基於這個事實，他們不會做這方面的嘗試。

讀者：在我看來，這是在胡說八道！您大概不會真的相信：您根本不知道，我們現在是不是在聊天，而且您無法知道我們在聊天這件事。是嗎？

哲學家：我沒有接受這種想法，不過這正是問題所在。一方面，我們都堅決相信，無論如何自己知道許多東西。但從另一方面來說，一個非常簡單的論證似乎顯示出，我們無法獲得關於世界的知識。這就好像我們在前面提過的情況：「它不該是這樣（我們無法知道什麼），卻必須是這樣。」這也是哲學問題在本質上的特點。

第三次討論摘要

依照懷疑論者的說法，人們總是無法獲得知識，因為人們從來沒有能力滿足知識證成的條件。懷疑學派的論調就是指出人類認知能力的有限性，這個學派的哲學家主張證成是知識的先決條件，若人們試著為一個信念提出支持的理由，就會陷入三種論證的困境：無限後推、獨斷而未完成、以及循環的論證，這三種困境都無法讓人們的論證達到知識的證成。但如果人們把懷疑論者的說法套用在自身，就會出現一個問題：身為人類的懷疑論者聲稱自己知道人類無法知道什麼。由此看來，懷疑論者的主張似乎是在自打嘴巴！或許懷疑論者還是能擺脫這個窘境：他們不是限制自己的看法，就是不擁有信念（讓自己滿足於引發人們對於一切知識的懷疑，最後人們會放棄自己的判斷，或許可以迎向泰然自若的美好人生）。然而這並不意味人類沒有知識！

循環式論證或獨斷式論證

讀者：這真的會被搞糊塗！懷疑論的思維一定在某處出了問題。難道充足的理由對於知識的成立一定是必要的？

哲學家：無論如何，我們應該多考慮論證的實際情形。當我們為知識提出可以依據的理由時，我們的思維就會陷入無限後推、循環或獨斷而未完成的論證嗎？真的是這樣嗎？舉個例子來說吧！您知道拜仁—慕尼黑足球隊在週末贏了球賽嗎？

讀者：是啊！您怎麼知道我對足球有興趣？

哲學家：只是猜猜而已，不過，您從哪裡知道這場職業賽的結果？

讀者：我瀏覽過報紙運動版上的週末足球賽計分表。

哲學家：您怎麼確定報紙刊出的內容是正確的？

讀者：我剛好也在網路上看到這場比賽的結果。

哲學家：您怎麼確定網路的報導是正確的？

讀者：為什麼人們要刻意做錯誤的報導？這應該很快就會被發現吧！有四萬名觀眾在足球場裡看這場球賽，全都親眼看到比賽結果。如果報紙和網路所報導的比賽結果是一樣的，實際上就可以排除錯誤報導的可能性。

哲學家：不過，您曾經引用報紙的資料，您的論證難道不是一種循環？

讀者：不，我在下結論前，不是只參考報紙而已。我得到的資訊全都顯示拜仁—慕尼黑足球隊在週末贏球，而且沒有出現任何相牴觸的訊息，所以我就更相信報導的正確性。

哲學家：因此，有些哲學家認為論證的循環不一定是個問題。

讀者：這不是真正的循環式論證，該怎麼說呢？它應該比較是……

哲學家：一些相互契合的信念，這些信念藉由相互的支持而連結成一幅網絡？

讀者：沒錯！當所有信念都能相互配合時，人們就沒有懷疑的理由了！

哲學家：我們應該可以這麼說：這整個信念的網絡表明了個別信念的合理性，同樣的，個別的信念也表明了整個信念網絡的合理性。還有，一個信念如果能和一個有連貫性的信念網絡更契合，就會有更強的合理性。請您回想一下，我們昨天在討論科學和道德時，曾針對個別情況和一般化理論之間的思考平衡，說了些什麼？或許就和普遍的推論證明相類似！

讀者：那麼，人們的論證會成功嗎？雖然論證也會流於一種循環。

哲學家：這是一種想法，當然，其中的問題還不小：有誰會對我說，在我的信念網絡中不是所有信念都是錯的？

讀者：您是指，一套天花亂墜的說詞，內容也可以環環相扣，讓人無法覺察其中的破綻，雖然裡面沒有一句是正確的？

哲學家：就是這樣。人們似乎需要一個理由來接受整個信念網絡。人們不是無法提出這類理由，就是已出具理由而必須繼續交代，為什麼要持有這個理由的理由。

讀者：因此，我們的思考可能會陷入無限後推、循環的或獨斷而未完成的論證裡。

哲學家：當然，除非人們可以找到一種論證跟這個真實世界的信念不相關，也就是純粹概念性的（rein begrifflich）論證。因為就連懷疑論者也同意，我們其實很了解自己所抱持的純粹概念。

讀者：真的有純粹概念性的論證嗎？

哲學家：總是有哲學家相信，光從真實的概念（Begriff der Wahrheit）或信念的概念（Begriff der Überzeugung）就可以得出，我們所有信念可能不全是錯誤。不過我擔心這些純粹概念性的論證帶有許多前提，無法輕易說服您。我想，我們現在最好還是停留在論證的概念就好了！

讀者：我同意。

哲學家：我們可以討論一下，是不是中斷論證一定是獨斷？舉例來說，您怎麼知道，我現在坐在您面前？

讀者：我看到您坐在我面前。

哲學家：您怎麼知道，您看見我了？

讀者：這真是個蠢問題！

哲學家：正是！

讀者：您舉這個例子是什麼意思？

哲學家：您剛剛不肯繼續回答我的問題，就是在中斷論證，而您不只不覺得自己的專斷，反而覺得我問的問題很愚蠢！

讀者：我就是看到你，這有什麼好說的！

哲學家：實際上，許多哲學家會把人們的感官知覺當作論證的基礎。如果我可以用各種感官接收到的訊息來證成一個信念，就不用再沒完沒了地提出理由的理由，而且還不會被認為是在任意中斷論證，這時，懷疑論者就莫可奈何了！

讀者：哇！沒想到這種論證會這麼簡單！

哲學家：可惜實際的情況不是這樣，因為人們也會被自己的感官知覺欺騙。即使我們在個別情況下透過重複或多面向的觀察來檢驗人們的感官知覺，還是無法駁倒懷疑論的假設。懷疑論者認為，人們透過各種感覺器官所獲的訊息可能是不可靠的。當您真的沒有理由傾向於相信您看見我，而不是惡魔給你的幻覺時，您依據感官知覺而表示您看見我，這便是獨斷的論證。

讀者：無論如何，我必須排除人類被惡魔迷惑的可能性。不過，要反證這個「惡魔論證」大概不容易。

哲學家：笛卡兒在十八世紀就已經相信，人類真的可以排除這個可能性。

讀者：笛卡兒在當時說了一句名言：「我思故我在。」

哲學家：是啊！您本身存在著，連惡魔也無法欺騙你。

讀者：原來這方面已經有人思考過。我知道，這個問題當然不是要問，我從哪裡知道我的存在，而是要問，我從哪裡知道您的存在，而且還坐在我面前。笛卡兒對於這個問題是不是也想出了什麼？

哲學家：笛卡兒在這方面也有他的見解，只是不太具有說服力。他相信，單單透過人們的思辨就可以證明上帝的存在，不需要依賴人們的知覺經驗。而且，如果這位上帝是慈善的，就應該保護祂的子民不受惡魔欺騙。

讀者：談到這裡，我覺得我們已經有點偏離主題了！上帝的存在遠比您坐在我面前的存在更不確定啊！

哲學家：到目前為止還是有一些哲學家主張，人們不須依據知覺經驗，只要透過純粹概念性的論證就可以確知超自然體的存在，所以人類還是無法輕易地擺脫惡魔的干擾。不過，這些哲學家所提出的論證卻很有問題。

第四次討論摘要

人們經常以為，個別的信念若被整合入信念網絡裡，似乎就獲得證成了！同樣的，個別的信念也可以表明整個信念網絡的可信性。不過，整個信念網絡可不可能是錯的？懷疑論者認為，人們無法獲得真知識，因為人們許多信念的依據是來自不可靠的感官知覺，而且還可能受到惡魔的欺瞞。有鑑於這兩種認知的困境，人們需要一個不依據知覺經驗的論證來反駁懷疑論的主張。十七世紀的法國哲學家笛卡兒曾試著完成這種純粹概念性的論證，後來的哲學家也嘗試提出這類論證，至於這些論證是否真的獲得證成，還是問號。

取決於求知脈絡的論證

讀者：那麼，懷疑論者贏了嗎？

哲學家：不一定。這裡有個重要的觀察是我們到目前為止還沒有思考過的：我們的論證還取決於相關的求知脈絡。

讀者：這句話是什麼意思？

哲學家：假如我問您，銀行星期六上午有沒有營業？您回答，有。然後我想知道，您怎麼知道的？您便回答，您曾有次在星期六上午到銀行辦事。在聽完您的說詞後，我可能感到滿意，也可能不滿意。

讀者：您滿不滿意，可能要看我回答的內容的正確性對您有多重要。畢竟銀行有時會改變它的營業時間。

哲學家：沒錯。如果我非跑銀行不可，不然支票會跳票，您的說法就需要更有力的依據，好讓我相信您真的知道銀行會在星期六上午開門營業。不過，如果我在星期六上午不一定要去銀行辦事，或許您剛剛的論證已經足夠了。

讀者：但在面對懷疑論的知識質疑時，這能有什麼幫助呢？

哲學家：所謂的脈絡論者（Kontextualist）主張，知識的證成如果沒有統一的標準要求人們必須遵行，而是存在各種不同的方式，那麼懷疑論者就無法再聲稱，我們人類無法知道什麼。如果依照懷疑論者的要求，我們或許無法獲得真知，不過如果依照平常的要求，或許我們已經知道些什麼了。

讀者：我們會說：親愛的懷疑論者，你們真的太誇張了！如果我們必須對知識的真實性非常非常有把握，就像你們這群怪胎的要求那樣，才能獲得知識的話，我們就會得不到知識，不過就一般的生活要求來說，我們絕對擁有日常普通的知識。我在這裡還有個問題：我覺得懷疑論者在知識的論證方面並沒有特別嚴謹。

哲學家：對！懷疑論者聲稱，我們根本無法為我們的信念提出任何依據，但是關鍵的問題卻在於：為了讓自己的想法和說詞站得住腳，我們真的需要一再交代理由嗎？懷疑論者認為，為了讓自己的看法有合理的根據，必須不斷交代理由以及理由的理由。不過這種主張根本不對，因為有時為了讓說法或信念獲得證成，必須交代理由，但有時為了被允許繼續追問理由，也必須提出理由。

讀者：為什麼是這樣？人們不是可以不斷詢問理由嗎？

哲學家：一直追問理由不一定是理性的做法。我剛剛是不是問過您，您怎麼知道，我坐在您的面前？

讀者：我回答，因為我看見了！

哲學家：當我接著問，您怎麼知道，您看見我了？您就認為，我的問題「很愚蠢」。當我的問題讓您覺得「很愚蠢」時，在哲學家看來，我的追問就是非理性的表現。

讀者：在這種情況下，或許您必須向我說明，為什麼您要繼續追問下去？

哲學家：一個理性的人可能會有這種反應。要不要繼續追究論證的依據，就要看人們探求知識的活動是在什麼脈絡下進行的，這關係到所有可能的信念，而不只是那些來自感官知覺的信念：比方說，如果有人問我，怎麼知道自己的姓名？在這當下，我就不會去思考這個問題的答案，我比較可能會反問對方：到底哪裡出了問題？

讀者：我也會這麼做。

哲學家：當討論不出結果時，我不會認為自己站不住腳，而是別人。

讀者：那我們怎麼知道，什麼時候我們的說法需要有個支持的理由，而什麼時候不需要？

哲學家：就像我們昨天談論過的，我們必須指出理性的人們會出現的反應。一個理性的人所抱持的某些信念是在回應他周遭世界以及他當下的知識狀況，因此，不需要繼續交代理由，至於某些其他信念就不是這樣產生的。所以，我們會把有些沒有依據的信念視為理性，有些則不會。總而言之，非理性在此是行不通的，有些質問如果本身有理由，我們會把這些質問視為理性的懷疑；如果質問本身沒有理由，就是非理性的懷疑。這是很清楚的事。

讀者：原來是這樣！太好了！這麼一來，懷疑論者如果想要提問，也必須給個理由，討論才有辦法繼續進行，這樣我們就可以避開需要不斷交代理由的論證困境了！我覺得，懷疑論者的論證主張這有點像「四子棋」[5]這種桌上遊戲。

哲學家：為什麼？

讀者：先下棋的人往往是優勝者。如果人們總可以為詢問一個信念的理由，懷疑論者往往就是贏家。如果我們也可以詢問提問的理由，那麼，就換我們占上風。

哲學家：您說得沒錯！如果人們有時可以詢問所信服的依據，有時也可以詢問所質疑的依據時，相信的和質疑的一方都會有機會占上風。換句話說，我們在知識論證的過程中，不一定會陷入無限後推、循環或獨斷而未完成的論證中。

讀者：不過，懷疑論者總是有理由質疑人們知識的真實性，這個學派的哲學家每次都會丟出「我們人類可能被惡魔欺騙」這句話！

哲學家：是啊！但我無法確定，他們這種說辭真的可以做為質疑他人說法的理由，或是只是聽起來像個理由。到底什麼是惡魔？祂如何迷惑我們？

讀者：不知道。我不在乎什麼惡魔！

哲學家：如果我們被告知，我們根本沒有能力掌握關於這個真實世界的知識時，那麼對於我們來說，惡魔存不存在就顯得無所謂了，反正我們也無法知道什麼！如果情況顯示，我們有能力掌握關於這個真實世界的知識，有理由去質疑關於這個真實世界的信念時，我們就會在意惡魔是不是存在了！如果懷疑論者也想提出這類理由來質問人們的信念，就必須把提問的理由說得更具體些。

讀者：要具體交代自己質疑的理由，這對於懷疑論者並不困難。比方說，他們可以掰出像電影《駭客任務》這樣的故事。

哲學家：早在這部電影推出前，就有這樣的故事了。美國當代哲學家普特南（Hilary Putnam, 1926-）本身也是位電腦專家，他曾在一九七九年提出「桶中腦論證」⑥並假想出一個科幻場景：一個邪惡的科學家趁著我們熟睡時，把我們的大腦取出，將它們泡入裝有人工營養液的桶子裡，讓桶中的大腦和桶外的超級電腦相連接。這部超級電腦可以刺激大腦的末梢神經，因此我們所看到、聽到以及所知覺的一切，其實都來自這台超級電腦的運作。如果這種事真的發生了，我們會不會把這些受操控的知覺經驗當真而渾然不覺？這種事難道不可能發生嗎？

讀者：看到了吧！現在您有具體的理由可以質疑知識的真實性了！

哲學家：我不相信這種虛擬的情節會在真實的世界裡發生。我們必須跟我們今天一開始談到的「夢的論證」和「惡魔論證」一樣，認真看待這個科幻故事。請問，人腦真的可以從人體的頭部取出而獨自存活？不可能！科學界的電腦硬體和軟體是不是幾乎已經可以產生模擬大腦末梢所接收到的外在刺激？沒有辦法！除此之外，當然還有一些相關的疑問存在著。

讀者：或許以後科學更發達時，這些技術都會被研發出來。

哲學家：或許會，或許不會。懷疑論者只是想藉「桶中腦論證」表示：根據我所有的知識，我可能是一顆放在桶子裡的人腦。不過，根據我對我所有知識的判斷，我更有可能不是一顆放在桶子裡的人腦！我們目前對於電腦人工智慧欺騙人類的可能性的掌握，並沒有比對於惡魔欺騙人類的可能性的掌握超出多少，一些我們該懂卻不懂的知識仍可能會用我們完全料想不到的方式來矇騙我們。不過，這個顧慮不能成為一個可以讓人們提出質疑的有力的理由。它只是再度提出一個很老套的說法：我們對於這個世界所持有的信念可能是錯誤的！

讀者：為什麼這麼說就是老套？

哲學家：因為沒有人聲稱，我們對於世界的說法必須是真的。我們對於世界的說法也可能出錯，也就是說，我們的信念不一定具有真實性。懷疑論者認為，人們對於這個世界的信念確實是錯誤的，這樣的主張根本沒有依據，頂多只能表示，人們的信念沒有充足的理由。同樣的，懷疑論者如果要質疑人類知識的真實性也必須提出充足的理由。

讀者：您的意思是，懷疑論者為了讓自己的質問有充足的理由，就必須運用自己對於這個世界的信念？

哲學家：就是這樣！當他們想要質疑所有的知識時，自己卻無法提出質疑知識的理由。

讀者：人類知識的論證就像我們剛剛提過的「四子棋」的遊戲：先下手為強，先下棋的人往往會贏得棋局。當我們檢視所有關於世界的信念時，我們會發現，這些信念其實沒有支撐的理由，但同時也發現，質疑這些信念的理由也不存在。這就看誰會在對弈時先下手？

哲學家：人們只能從許許多多不被懷疑的信念開始，然後交叉檢驗這些信念。幸運的話，人們可以透過信念的交叉檢驗來修正這個或那個信念。在理性的互動下，就不會有人一味質疑所有的信念。

讀　者：不過，人們畢竟還是無法靠自己的力量脫離知識論證的困境啊！

哲學家：人們也不會想跳入這個困境裡！

讀　者：真有意思！

第五次討論摘要

我們的信念是否達到證成，還取決於相關的求知脈絡。如果信念的真實性對我們非常重要時，我們往往會質疑支持信念的理由不夠充分，不然在平常的情況下，我們都會毫不猶豫地接受這些理由。懷疑論者對於知識真實性所要求的高標準會不會太過誇張？懷疑論者的要求看起來並不誇張，因為人類所有一切信念似乎完全沒有合理的依據。不過，我們真的需要苛求知識的真實性嗎？一個理性的人會認為，有些沒有依據的信念是理性的，而有些沒有依據的質疑卻是非理性的。懷疑論的假設幾乎無法提出質疑信念的普遍性理由，因為這些理由非常不明確，它們似乎不存在。

■

①譯註：Nektarschorle，淡味果汁汽水是德國特有的混合飲料，由果汁和氣泡礦泉水以一比一的比例混調而成。

②譯註：Skeptizismus，懷疑論是一種認識論，它會針對某一種定論提出懷疑的說法，尤其針對我們的認識能力、客觀世界的存在等。懷疑論的反面是迷信，也就是哲學所謂的「獨斷論」。

③譯註：notwendige Bedingungen，如果沒有 A，則必然沒有 B（「若無～即無～」的說法，是必要條件的陳述）；如果有 A，則未必有 B。A 就是 B 的必要條件。例如，如果沒有空氣的存在，生物就無法存活；如果有空氣存在，生物也未必存活（譬如，缺少水分或感染疾病）。在這裡，空氣的存在就是生物存活的必要條件。

④譯註：hinreichende Bedingungen，如果有 A，則必然有 B（「若有～即有～」的說法，是充分條件的陳述）；如果沒有 A，則未必沒有 B。A 就是 B 的充要條件。例如，如果下雨，地面就會潮溼；如果沒有下雨，地面未必不會潮溼（譬如，灑水車灑水或水管破裂）。在這裡，下雨就是地面潮溼的充要條件。

⑤譯註：Vier gewinnt，「四子棋」（英文名稱為 Connect Four）是一種雙人的棋類遊戲，棋盤呈直立放置，共有七行六列。兩名玩家輪流把圓形棋子投入垂直豎起的棋盤裡，最先把四顆棋子排成直線、橫線或斜線的人就是優勝者。

⑥譯註：普特南的「桶中腦論證」和笛卡兒的「夢的論證」及「惡魔論證」是當代懷疑論的三大論證。當代懷疑論哲學家充分發揮這三大論證，用它們來質疑人類所擁有的一切知識。

星期五
有什麼存在？

事物與性質

讀者：當我們星期一開始討論哲學時，我首先想到，哲學最主要是從事生命意義的研究。不過，您知道，我認為還有其他東西也跟哲學有關，到目前為止我們卻還沒有討論：在哥德的劇作《浮士德》裡，主角浮士德博士表示自己希望能認識「形塑這個世界最核心的東西」。其實我一直相信，哲學家也會研究這個問題。

哲學家：哲學家確實會從事這方面的探索，不過，科學家，特別是物理學家也想試著釐清，什麼是「形塑這個世界最核心的東西」。

讀者：我總認為，哲學和物理學這兩門學科彼此之間有深層的關聯性。

哲學家：這點我沒有異議。但如果特別強調它們之間的關聯性，可能會出現誤導，畢竟哲學處理這個問題的方式和物理學完全不一樣。還有，您認為「形塑這個世界最核心的東西」是指什麼？

讀者：您是在問，這個世界是由什麼組成？世界的起源是什麼？

哲學家：事實上，人們可以把這些問題當成物理學問題，也可以把它們當成哲學問題。在哲學這門學科發展的初期，哲學家相關的探討都含有這兩種觀點。早期的自然哲學家會問，這個世界的基本組成物質和基本運作原則是什麼？舉例來說，古希臘哲學家泰利斯（Thales, 624-547 B.C.）就曾主張，所有物質是由水組成的。另一位古希臘哲學家恩培多克勒斯（Empedokles, 490-430 B.C.）則提出廣為人知的四大要素，即地、水、火和風。

讀　者：這聽起來確實有點像在談論物理或化學。

哲學家：依照現在的學術分工，尋找基本粒子和基本的自然定律屬於科學的研究，而不是哲學的探討。一些天文學的問題，如宇宙的起源和發展，主要還是由物理學家研究處理。

讀　者：在這個高科技時代，關於什麼是「形塑這個世界最核心的東西」這問題，還有哲學家施展的空間嗎？

哲學家：哲學家還是有很大的發揮空間。物理學和其他自然科學的研究，其實都在使用某些來自哲學的基本概念以解決人們的疑惑，例如事物、自然定律、因果關係以及時間和空間等。我們不妨相信，物理學會告訴我們，某種物質是由哪些基本粒子構成的。不過接下來人們總是會問：到底基本粒子是什麼？或者只是問一個普通的問題：到底物品是什麼？

讀　者：一個物品應該是什麼？這個問題我不了解。一個物品不就是一個物品嘛?!

哲學家：當我們談論基本粒子時，我們似乎不太清楚「粒子」這個名詞準確的意涵。請您想想，當人們想要解釋量子理論時所碰到的困難：根據量子論的原理，構成物質的粒子也具有波動性，然而如果人們想用這個物理學理論來解釋生活中那些用肉眼直接看到、非常普通的物品，如桌子、蛋和盆栽植物時，就會出現問題，因為我們看不到組成這些東西的電子等基本粒子。在這裡您不妨思考一下，一件物品跟它本身的性質有什麼關係。

讀者：我認為，一件物品擁有本身的性質。

哲學家：那麼，什麼是物品？我在這裡舉出兩種似乎都有疑點的答案：一，個物是由它的各種性質以及一些「根本原質」（Zugrundeliegendes）所構成的。「根本原質」為物品帶來了性質，不過，單就它本身來說，並不具有性質。

讀者：不具有性質，就不是實體的存在。

哲學家：第一個答案是個很有問題的想法！還有，第二種答案是：一個物品是它所有性質的總和。這個說法也很可笑，人們會反問：如果一個物品沒有那些基本組成物質，也就是本身不具有性質的「根本原質」時，那麼，這個物品所有的性質會有著落嗎？我在這裡舉一個適用第二種答案的例子：「這張椅子是黃色的」、「這張椅子有四隻腳」、「這張椅子是木製的」等。「是黃色的」、「有四隻腳」、「是木製的」等語詞是在指什麼？

讀者：不就是指「這張椅子」嗎？

哲學家：不過，我們也會問自己，什麼是「這張椅子」？

讀者：為什麼一件事物不是它本身所有性質的合計結果？

哲學家：您這個想法就像人們在形容天氣一樣。如果有人說，「現在在下雨」、「現在很冷」、「現在在颳風」，難道他不是在表達，外面在颳風下雨、氣溫低冷這件事？惡劣的天氣不就概括了前面幾項性質的描述嗎？

讀者：不，我根本不是這個意思。畢竟天氣不是物品啊！

哲學家：無論如何，人們總該解釋清楚，一件事物如果沒有「根本原質」，該件事物的諸多性質如何構成該件事物？換句話說：我們應該分辨椅子和天氣的差別在哪裡？

讀者：這真是個瘋狂的問題……

哲學家：即使我們能為這個問題找到一個恰當的答案，「一個物件是它所有性質的總和」這個想法還是會導致一個怪異的結果：我們會無法辨別一個物件不變的「本然性質」（wesentliche Eigenschaft；一個物件不可或缺的性質，一旦這種特質喪失時，物件就不存在）和會改變的「偶然性質」（zufällige Eigenschaft；一旦物件改變時，這種性質也會隨之改變）。比方說，這張椅子是黃色的，黃色就成為這張椅子的必要的性質（notwendige Eigenschaft），那麼，這張椅子就不能不是黃色的。

讀者：為什麼會這樣？

哲學家：當這把椅子是一把黃色、四腳的和木製的椅子時，如果我們抽除這把椅子所有性質中的其中一項，它的存在便會終止。當我把這張椅子漆成紅色時，它就是另一張椅子。不過，我們通常不這麼想，不是嗎？

讀者：是啊，我根本不這麼認為。

哲學家：我們大概也不會認為，如果有兩件東西擁有完全相同的性質，它們就是完全相同的東西。請您假想一下，現在有兩顆雞蛋在您眼前，它們雖然在形狀和顏色等方面展現出相同的性質而讓您無法區別，不過，它們畢竟是兩顆雞蛋，而不是同一顆雞蛋。

讀者：而且兩顆雞蛋不會在空間上同時占有相同的位置。

哲學家：沒錯，一個空間位置，也就是一個地點，或許只能透過它跟某個物件的空間關係來界定，例如「中國塔往西一公里處」。這種「相對空間」可能會讓這個問題的解決受到推延，因為人們為了把一個物件的性質特徵化，必須再涉入另一個物件。不然，人們就必須採用有固定座標、可測量物理距離及位點的「絕對空間」，這麼一來，即使不同的地點出現相同的物件也不會造成混淆。「絕對空間」就很像我們剛剛所謂的「不具有性質的根本原質」。

讀者：您會不會覺得，「不具有性質的根本原質」這個說法有點怪？

哲學家：這聽起來或許有點不對勁，不過就像我們前面說過的，「不具有性質的根本原質」本來就是個奇特的想法，因為無論如何，我們都無法透過任何的感官知覺來掌握這種「根本原質」。此外，這種「根本原質」本身似乎具有某些性質，甚至是必要的性質：例如，這種「根本原質」的性質可以讓相關物件擁有它全部的「一般性」性質，還有，這種「根本原質」具有跟自己本身相同的性質等。然而如果「根本原質」本身也具有性質，那麼構成這種「根本原質」的「根本原質」就必須存在，以表明這些性質的來源。

讀者：不好意思，我必須直接跟您說，我現在已經有點暈頭轉向了！

哲學家：如果人們要追問關於物件這種這麼基本的概念，一旦陷入了這些相關的問題，根本不容易再跳脫出來！

讀者：如果人們轉而從性質的概念著手，會不會比較容易？

哲學家：可惜的是，不管人們接不接受性質可否獨立存在，性質的概念也同樣棘手。這對人們來說，確實是個難題。古希臘時代的哲學家柏拉圖和亞里斯多德在這方面的見解就不一致，歐洲中世紀神學家曾經為了這個議題而出現著名的「共相之爭」①，直到今天哲學界也還在討論這個問題。

讀者：性質怎麼可以獨立存在？性質是隸屬於物件的，因此，黃色不是物件，黃色必須依附在物件上，例如，黃色的椅子、黃色的香蕉等。

哲學家：人們通常都這麼認為。中世紀唯名論哲學家奧坎（Wilhelm von Ockham, 1288-1347）卻提出不同的方法論原則，他主張在提出理論解釋現象時，應該捨棄不必要的東西，例如把「黃色」的性質從黃色的椅子和黃色的香蕉中拿掉，這就是哲學史上著名的

「奧坎剃刀原則」（Ockhams Rasiermesser）。不過，人們如何解釋，「聰明是一種美德」這句子的意思？當人們聽到這個句子時，似乎會直接關注「聰明」這個特質，而且會單單對於這個特質表達一些想法。如果特質本身必須依附實體而無法單獨存在時，我們在這個語句裡還能關注什麼？

讀者：這很難回答。

哲學家：您剛剛問，「形塑這個世界最核心的東西」是什麼？這個謎團般的問題也是哲學探討的對象，這個哲學領域就是形上學（Metaphysik）。

第一次討論摘要

形塑這個世界最核心的東西是什麼？從某方面看來，這確實是哲學問題，而與物理學探索構成真實世界的基本物質、基本的自然定律，以及關於宇宙的起源和發展的天文學論述無關。當人們在這方面的探究已經超出自然科學的範圍時，就會碰到一些謎團般的哲學問題：事物到底是什麼？事物跟本身的性質有什麼關係？性質能獨立於事物之外而存在嗎？這些都是探討「形塑這個世界最核心的東西」的形上學問題。

心智與世界

讀者：物理學家會提出這樣的問題：這個世界究竟是由什麼東西所組成的？形上學家則是問，組成這個世界的東西到底是什麼？

哲學家：除此之外，形上學還提出一些非常普遍性的問題：有什麼存在？存在到底是什麼？存在的不只是無生命的東西，如基本粒子，就連有生命的東西以及人類也存在著。此外，不只具體的東西，抽象的東西（如數量和數字）或許也存在；不只有殊相事物的存在，還有共相事物（如聰明的特質）；不只有東西，還有事實和事件（如冬季時間的起算點）、時間和空間、陰影和凹洞的存在。有些事物不是那麼清楚屬於哪個範疇，例如，藝術作品的性質歸類。在這裡，首先人們的思維必須要有條理，然後就會碰到一些複雜、謎樣般的問題，類似我們剛才提到的那些問題。

讀者：我了解了！「形塑這個世界最核心的東西」這個問題比我先前以為的更具多樣性。

哲學家：您現在或許已經明白，為什麼形上學和自然科學之間，特別是和物理學之間的關聯性並沒有那麼緊密。哲學和科學雖然對某些問題都同感興趣，例如，關於時間、空間和因果關係等這些本質問題，不過形上學基本上還是在探討屬於自己專有領域的問題，也就是從人們理解這個世界的基本概念所產生的問題。

讀者：如果您是這麼主張的，這聽起來當然就跟「形塑這個世界最核心的東西」無關，而是跟我們如何描述這個世界比較有關係。

哲學家：這確實是個問題。形上學家對於形上學究竟應該以探討人們的概念（連帶地也研究人們的思維，甚至只針對語言）為主要的研究重點，還是著重於這個世界的結構本身，並沒有達成共識。

讀者：這個世界到底有沒有結構？我認為這世界的結構，不完全取決於我們如何看待這個世界。

哲學家：我們就是基於某種態度，透過我們的思維來賦予這個世界一種結構。一方面是德國哲學家康德所謂的物自身[2]，另一方面是我們和我們理解物自身的概念網絡（或者如康德所謂的「一個具有一些基本範疇的系統」）。唯心論者（Idealist）的看法更加極端：世界只存在於我們的觀念之中。

讀者：這聽起來還是很怪！我倒覺得，我們所認知的世界是經過我們觀念所刻劃過的世界，這樣的想法有它的可信度。

哲學家：我們透過自己的概念所掌握的這個世界的結構，當然也可能如同它本身的樣貌般。我們的概念最後可能是從我們跟這個世界的互動和交涉所發展出來的。

讀者：或許我們的概念是與生俱來的。

哲學家：就我們所知，人類的觀念也可能受後天影響：它們是隨著人類的演化而發展出來，因此也適應了外在的生存環境。在理想的情況下，我們的概念可以正確呈現這個世界的結構，形上學也可以經由研究人們的概念來探索這個世界的結構。就這方面來說，我們看待事物的觀點會有一定的正確度。

讀者：但是，我們應該如何檢驗自己的觀點是否正確？為了檢驗自我觀點的正確性，我們必須把我們對於事物的觀點和事物自身做比較。不過，這是行不通的，這已經超出我們的能力範圍。

哲學家：這又回到昨天我們對懷疑論的挑戰所做的一些思考。認知主體和被認知的客體的對立正是現代懷疑論的出發點。有些哲學家卻認為，這種主客二元對立的觀點是錯誤的，或太過片面了，例如德國存在主義哲學家海德格（Martin Heidegger, 1889-1976）！

讀者：錯在哪裡？我們不是站在世界的對面觀察這個世界嗎？

哲學家：我們不只是認知世界的主體，我們還有一個身體。當我們問，我們如何能了解這個世界時，我們早就生活在這個世界中，而且已經和它打交道。

讀者：在這個世界裡生活能幫助我們跨越我們和世界的鴻溝嗎？

哲學家：如果我們認為，我們是在世界的外面來面對這個世界的話，就會出現這種隔閡。也就是說，如果身為觀察者的我們純粹意識到，只從這個世界得到一些印象，那麼我們當然會質問，這些印象是不是真的能呈現事物真正的面貌。不過，如果我們清楚地知道，我們屬於這個世界，在這個世界裡生活行動，我們不只有純粹的精神體，還有血肉之軀，那麼，主體和客體的二分法似乎就是錯誤的抽象概念了！

讀者：如果我的理解正確的話，您這番話其實是在表示，人的存在到底是什麼。

哲學家：說得好！當我們在探究自己跟這世界的關係時，還有，當我們特別思考到精神與身體、靈魂與肉體的關係時，我們的心裡就會冒出一些形上學的問題。

讀者：這讓我對形上學更感興趣了！

第二次討論摘要

形上學會提出一些普遍性問題：有什麼存在？到底什麼是存在？形上學的研究到底是在探討我們的基本概念？還是世界本身？哲學家至今對此仍爭論不休。形上學還存在著人類的心智和外在的世界如何互動的問題：所認知的物自體都受到概念的影響？這個世界只存在於人們的精神層面？或許我們可以藉由我們的概念，如實理解這個世界（或許我們的概念在跟世界交涉時占了上風）？不過我們如何能確定這些？或許把認知的主體和被認知的客體彼此對立的基本想法會產生誤導，因為我們不只是站在世界的對面來認識這個世界的主體，我們自己還是這世界的一部分。

肉體與靈魂

哲學家：人類有形的身體和無形的心靈存在著什麼關係，並沒有完全被釐清。實際的情況指出，心靈與身體並不相同，我們似乎只能由內在，也就是經由一種特別的方式由內在去接近它。我們可以用眼睛看到別人的身體，卻似乎沒有直接的管道知道他的內在世界。我們只能直接親近自己的內心，而非他人的內心。

讀者：在這裡，您所謂「沒有直接的管道」是什麼意思？我們不可能真正知道別人心裡在想什麼？

哲學家：無論如何，懷疑論者應該會這麼認為，他們甚至還有更極端的看法：我們從來不曾知道，別人是否有靈魂。其他所有人很可能只是設計精巧的機器人，如好萊塢科幻電影的「魔鬼終結者」，或殭屍。這些非人類在行動時，內在並沒有情感和情緒。

讀者：難道這又是我們昨天討論過的懷疑論的挑戰，只是換成另一種方式？

哲學家：對！不過，這次的挑戰只限於某個範圍。藉由笛卡兒所提出的惡魔假設，懷疑論者質疑我們一切所有知識；藉由機器人或殭屍的假設，懷疑論者只是質疑我們對於別人心靈的認知。除此之外，這個學派的哲學家還提出一些有限度的挑戰。

讀者：您是不是又要說，機器人或殭屍的假設在陳述上不夠具體，因此無法成為提出質疑的真正依據？

哲學家：對！人們如果要認真看待這個假設，這個假設就會顯得很可笑。我周遭的人難道真的是殭屍嗎？我曾看過一則人們對於殭屍的定義：「殭屍天真地四處遊走，是嗜吃人肉的活死人。」如果真的有人是殭屍，這些活死人一定會引起大家的注意。

讀者：那麼，我們到底怎麼知道別人心裡在想什麼？

哲學家：當然，我們通常可以知道別人在想什麼，因為他們會告訴我們，而且我們也沒有理由質疑別人是否正直，說話是否老實？我們還可以經常從他們的行為中解讀出他們的想法。不過，話說回來，我也贊同我們可以知道自己的心靈，卻無法進入別人的心靈這樣的說法。

讀者：不管怎樣，我要知道自己在想什麼，畢竟不需要事先問自己或觀察自己的行為。

哲學家：痛苦或快樂的感受似乎也都是這樣：個人對於自己的感受會採取比較特別的方式。我們總是可以感覺到自己內心所出現的感受，即使我可以知道別人有什麼感受，不過，我對別人的感受還是無法像對自己的感受那麼清晰而切身。

讀者：我們是這麼認知別人的內在世界的：當別人告訴我們，他們有什麼感受，或者當我們可以從別人的行為中推斷出他們的感受。

哲學家：就是這樣。我似乎無法直接透過觀察來了解別人的感受和想法，不過，有形的身體就完全不一樣了，我絕對可以用觀察的方式知道他們身體的樣態。我們可以從這個知識論的思考推衍出一個想法：心靈和身體是兩個不同且彼此獨立的存在體。這就是心身二元論的觀點。

讀者：就心身二元論的立場來說，人好像是由兩個彼此差異的部分所組成的？

哲學家：心靈這部分甚至可能不需要身體而單獨存在。您現在不妨回想一下，我們在星期一曾經針對有限的生命的意義做過討論。當時提到靈魂不滅的想法剛好適用於這裡的靈肉二元論。

讀者：雖然身體和心靈不同，但是它們並不完全互相獨立。我總是可以察覺到我的身體有哪個地方不對勁，而且如果有人擰我的身體，不只我的肉身，我的內心也會感到不舒服。因此，人的心靈和身體並不是完全不相干的兩個部分。

哲學家：很明顯的，身體歷程會伴隨著心靈歷程而出現，例如，當我在思考時，似乎總脫不開大腦的運作。我們可以透過神經科學的實驗鉅細靡遺地從事這方面的研究，不過大家早就知道，腦部傷害會影響我們的思考和感受，也就是說，心靈歷程也會伴隨著身體歷程而出現。

讀者：如果心靈獨立於身體外，那一切就變得難以理解了！

哲學家：另外，還有一些哲學家，其中包括物理主義者（Physikalist），相信人們內心的轉變其實無異於物理變化。主張這種觀點的人也被稱為物質論者（Materialist），因為他們試圖要把心靈化約為物質。

讀者：對我來說，這個說法又有些極端了！我們雖然可以直接掌握別人的身體狀態，甚至是大腦的活動，卻無法掌握他的感受，這才是重點所在。人們的感受似乎屬於另一層面。

哲學家：要在物質論和心身二元論之間找到一條折衷路線，當然不是一件容易的事。我們在這裡又要面對維根斯坦說的，「它不是這樣，卻必須是這樣」的情況，不管我們認為心靈和身體是相同還是不同的存在體，我們總是要面對這個問題。

讀者：難道人們無法用科學方法來解決這個問題？例如透過實驗？

哲學家：物質論者或心身二元論者都主張大腦的變化會隨著心靈的變化而出現。那麼，一個針對這種身心現象的決定性科學實驗該是什麼樣子？

讀者：這我不知道！不過，人們怎麼找到其他解決辦法？

哲學家：或許探問心靈和身體的關係就已經產生誤導。或許這個問題的出發點，嚴格區分心靈和身體，是錯的。我們不是身體和心靈，或只是身體，或只是心靈，而是兼有身體和心靈這兩種特質。

讀者：我覺得這說起來比較容易，要理解就比較難。特別是身體和心靈彼此交互影響，這對我們來說，就像謎團一樣。

哲學家：這一點我承認。特別是當人們考慮到，不只身體狀況會對心靈狀況造成影響，反過來說，人們的心靈也會影響身體：我們的心靈，也就是我們的思維、感覺和願望，這些都會對我們的身體產生明顯的影響。也就是說，心靈所發出的指令，決定我們該做什麼。

讀　者：不過，如果心靈所決定的東西無法完全落實到身體的行動時，那會怎樣？

哲學家：喔，我知道了！您現在想跟我談意志自由的問題，是吧？

第三次討論摘要

我們可以直接親近我們的心靈，卻只能透過間接的途徑，才能知道別人在想什麼。因此懷疑論者在這裡又找到使力點，他們質疑人們對於別人心靈的認知。即使人們可以回應懷疑論者的這項質疑，但是心靈和身體似乎分屬於不同層面的存在應該是不爭的事實。人們應該接受心身二元論（或甚至是靈魂不滅論）？或者，心靈和身體是相同的實體，而且都是屬於物質性的存在？或者，我們根本不該把心靈和身體當成兩個彼此獨立的存在體，也不該問及它們之間的關係，因為我們不只是身體，也不只是心靈，更不是身體和心靈的組合物，我們是兼有身體和心靈這兩種特質的人類？

自由意志

讀　者：您真的相信，人有自由意志嗎？

哲學家：我倒想反問您，為什麼我們不該擁有自由意志？

讀　者：可是，凡事也可能都被注定好了！

哲學家：舉例來說吧！假設我現在必須決定，今天晚上去看場電影呢？還是待在家裡看書？最後，我決定去看電影。那麼，我這個選擇是怎麼被預先注定的？

讀　者：或許經由您所受的教育或您天生的性格，或許經由大腦的運作。總歸一句話，一切發生的事都是早就注定非發生不可的。

哲學家：我認為這種決定論的觀點並不清楚。特別是有人還會問，是不是絕對的決定論徹底排除了人類的自由意志？哲學界對於自由意志的討論主要還是環繞著這個問題。

讀　者：這要怎麼討論呢？如果所有的事早就注定非發生不可，那麼很明顯的，我們並沒有自由意志。

哲學家：為什麼您會這麼認為？

讀　者：如果事先已注定您會選擇去看電影，那麼，我們幾乎無法認為，您去看電影是出於自由的決定。

哲學家：這就要看人們認為，到底什麼是自由意志。

讀者：能做自己想做的事。

哲學家：這應該算是行動的自由，而不是意志的自由。是否意志本身是自由的？是否人們不只在行動時，就連在做決定時也是自由的？這類問題都讓人很感興趣！

讀者：自由意志不就是說，人們可以要到自己想要的東西？

哲學家：人們所說的自由意志到底是指什麼，根本不容易搞清楚。既然我們不可能再次全然自由地挑選自己的願望和喜好，我們對於自由意志的存在幾乎沒有辦法表示反對，因為就連我們的反對，也是受到先天的性格或後天的社會化等因素左右。如果人們必須選擇自己的願望和喜好，人們究竟該依照哪些範疇做選擇？

讀者：如果人們選擇了自己「原本打算」想做的事，這就算人們已經自由地做了決定？我認為，在自由意志下所做的決定有時也會違反我們自己的期望和偏好。類似的情況，我們已經在星期一和星期二談論過了。

哲學家：那麼，我們現在真的必須更精確地說明，「原本打算」是指什麼意思。我對這個詞語的淺見是：人們原本就想得到他自己認為是正確、也就是最好的東西。

讀者：這聽起來很有說服力。

哲學家：當然，人們可能會接著面臨一個問題：所有在薄弱的意志下所做的決定並不是出於個人的自由意志。因為，人們當時做出的決定並不是自己認為最好的決定。這種決定通常很少被認為不是由決定者的自由意志所決定的，人們甚至會特別被要求為自己薄弱的意志所做的決定負起責任。

讀者：這當然是對的！薄弱的意志也算是自由的意志，人們總不能要求無法自由做決定的人負起責任吧！

哲學家：康德也是這麼主張的。這位理性主義哲學家曾說過一句名言「『應為』的條件之一是『能為』」（Sollen impliziert Können）。所以要求人們為他們完全做不到的事情負起責任，是沒有意義的。或許人們認為，意志薄弱的人也有自由意志可以做出另一種選擇。

讀者：這正好可以凸顯出自由意志的特徵：如果某人面臨抉擇時，也可以自由選擇其他選項，那麼他所做的決定便是出於自由意志；如果沒有其他選項可以供他選擇，那麼他的決定就不是出於自由意志。無論如何，人們做選擇時，必須至少擁有兩種選項，最後不管人們決定了什麼，當他們自由做決定時，總是可以選擇另一個選項。

哲學家：當然，「可以選擇其他選項的原則」（Prinzip der alternativen Möglichkeiten）也有一些反例。美國當代哲學家法蘭克福（Harry Frankfurt, 1929-）曾舉過一個例子：請您想像一下，一位科學家可以精確地觀察到我決定要上電影院時，腦部所發生的相關變化，而且必要時，他還可以操控我的腦部來影響我的決定。不過，這位科學家這時只是在一旁觀察，什麼都沒做。當我經過一番深思熟慮，決定待在家裡不出門後，這位科學家便透過外力的介入，讓我最後還是決定出門看場電影。

讀者：您或許會說，您當時絕對是在自由的狀態下，決定去看場電影……

哲學家：……雖然，我當時其實別無選擇！

讀者：嗯，這有可能。這就有點像有人被綁在一張椅子上，碰巧（偶然性）他本來就很想坐在椅子上，因而人們便認為他是自由的。

哲學家：基於各種不同的理由，這個例子會受到很多爭議。就自由意志來說，可以選擇做其他選項的自由是否真的是它的核心部分，這點人們還沒有定論。相信自由意志與絕對的決定論（必然性）可以彼此協調而不相衝突的人會對這個例子有異議，不相信自由意志可以和絕對的決定論相容的人就會試著繼續分析這個例子。有些哲學家甚至認為，自由意志是以決定論為前提！

讀者：這怎麼說？

哲學家：因為人們可以認為在決定論的必然以外，就是隨機的偶然，畢竟這世界所有的一切並不只受到一些基本的自然定律的規範。

讀者：您想到了量子論的測不準原理？

哲學家：量子論是個例子。我們也可以想想，某些現象是自然定律無法解釋的。自然定律雖然存在，卻無法解釋所有事物的發生現象。不過，在自然定律無法觸及的地方，人類的自由意志也無從施展。

讀者：您的意思是，如果不是自然法則可以確定的事物，就是出於隨機的偶然？

哲學家：沒錯！如果我們的決定只是出於偶然，那麼這些決定就不是來自我們的自由意志。我們的決定不只要來自我們自己，而且我們還要掌控決定的過程，這應該就是自由意志的關鍵所在。為了行使自由意志，我們似乎要有某種程度的堅決才行。

讀者：當我們的自由意志決定所有的一切時，那麼，就不是我們在做決定，而是我們的大腦了！

哲學家：這聽起來有點像人們說：「不是我們，其實是我們的身體在泳池裡游泳。」如果我們的身體去游泳池游泳，我們當然無法留在家裡，而我們也不可以說，就是我們的身體在泳池裡游泳，而不是我們。如果我們的大腦產生某些反應，這些反應當然會影響我們所做的決定，不過這也不表示，是我們的大腦在做決定，而不是我們。

讀者：那麼，我們是不是又回到前面關於心靈和身體的關係的問題？

哲學家：那確實是個關鍵性問題。如果我們真的認為當我們在做決定時，我們和我們的大腦互相獨立，而且還會彼此較勁，就像舞台上有兩位演員在對戲般，那就很荒唐了！

讀者：我必須說，我現在真的被您搞得七暈八素了！

哲學家：把您弄得暈頭轉向也不是壞事，因為這確實是個複雜的哲學主題。如果我們無法先搞清楚，到底什麼是自由意志，或者更重要的，到底「我們」是誰，而直接宣稱我們有或沒有自由意志，這麼做其實比較沒有意義。如果我們認為，人原本就是純精神的存在體而且可以操控身體，那麼，這種心身二元論的觀點會讓我們很難了解人類的自由意志！

第四次討論摘要

如果我們要回答人類是不是具有自由意志，就必須先釐清自由意志的概念。不過這並不簡單，因為就連自由意志與決定論是否可以彼此相容的基本問題，在哲學界都還有爭論。一個人可以決定自己認為最好的選擇，就是擁有自由意志？或者，一個人在做決定時，有選擇其他選項的自由，才是擁有自由意志？或者，一個人不只可以自由做決定，還要控制決定的過程，才算擁有自由意志？決定論甚至可能是自由意志的先決條件？要了解什麼是自由意志，就必須了解，做決定的「我們」到底是誰？「我們」的心靈才是決策者嗎？似乎關鍵性的問題就在於，如何確知我們的心靈和身體之間的關係，也就是如何釐清靈魂和肉體之間的關係。

上帝

讀　者：在結束我們今天的討論之前，我想再跟您談一談我們剛開頭提過、卻沒有討論到的問題，也就是關於世界起源的問題。這個問題是不是真的已經成了物理學問題？

哲學家：人們會在宇宙學（Kosmologie）這個天文物理學的次領域裡討論宇宙的起源和整體的演變，不過，也有一些關於宇宙的問題是介於物理學和哲學之間的，例如關於時間和空間的本質問題。基本上，關於宇宙的問題都是物理學問題。當然，我們也可以從比較廣義的角度來看宇宙起源的問題，也就是為什麼有些存在，而有些不存在。德國哲學家萊布尼茲（Gottfried Wilhelm Leibnitz, 1646-1716）就曾做過這方面的討論。

讀　者：這麼說來，關於宇宙起源的問題算是個哲學問題嘍？

哲學家：無論如何，已經有許多哲學家問過，到底一個基本的「存在依據」（Seinsgrund）存不存在。

讀　者：您是指，上帝是不是存在？

哲學家：如果人們想這麼稱呼祂的話。

讀者：為什麼這樣的稱呼不是理所當然的？我們在叫一個小孩子時，難道不該叫他的名字嗎？

哲學家：因為我們也可能在指另一個和他同名的孩子。不管怎樣，哲學家所思考的上帝通常是非常抽象化的，並不是我們在宗教中那個（或多或少）形象清晰的上帝。我們從這裡就可以看出哲學家關於上帝的想法。

讀者：到底是什麼想法？

哲學家：比方說，哲學家會經過這樣的思考：所有發生的事都一定有原因；或者換個方式說：沒有充足的理由，就什麼也不會發生。就事物本身來說，每件事物必有原因以及原因的原因，照這樣推溯回去，如果這個因果關係鏈不會無窮盡地後退，就會像亞里斯多德所說的，最終必須有一個沒有原因的原因存在，也就是「第一因」（eine erste Ursache），我們也可以把這裡所謂的「第一因」稱為「上帝」。

讀者：這確實有點抽象。我想，一個有宗教信仰的人大概不會向哲學家口中的這位「不被推動的原動者」（ein unbewegter Beweger）祈求吧！

哲學家：確實不會。除此之外，還有一個關於上帝存在的論證，也同樣無法說動祂的信仰者。舉例來說，英國坎特伯里大主教聖安瑟（Amselm von Canterbury, 1033-1109）曾在中世紀提出所謂的「本體論關於上帝存在的論證」（ontologischer Gottesbeweis）。聖安瑟的論證從一個完全抽象的上帝的概念出發：神是人們所能想到的最偉大而完美的存在。

讀者：這很抽象，不過很有說服力。這個論證接下來會怎麼推演？

哲學家：這位中世紀神學家是這麼說的：存在的東西要比不存在的東西來得偉大，而且更好。一座真正由黃金堆出來的金山會勝過一座只是可能的金山。如果上帝不存在了，人們可能會認為，還有一個高於上帝而存在的神。不過，根據聖安瑟的定義，上帝是無法被超越、最偉大的存在。所以，上帝不只是可能的存在，祂還必須是真正的存在。

讀者：這個關於上帝存在的論證聽起來怪怪的，不是嗎？

哲學家：這個論證並不容易理解。有些人可能會指出，存在在這裡被人們誤以為是一種（儘管是正面的）性質。

讀者：一件事物的存在難道不算是該件事物的性質？

哲學家：或許人們是被語言形式誤導了！「蘇格拉底存在」（Sokrates existiert）跟「蘇格拉底笑了」（Sokrates lacht）這兩個句子的句法是一樣的，不過卻出現完全不同的作用。第二個句子是指一個叫蘇格拉底的人，而且這個人在笑。第一個句子的主詞雖然也是蘇格拉底，但是這個句子的重點卻不是這個叫蘇格拉底的人，而是後面的動詞「存在」。

讀者：為什麼「蘇格拉底存在」這個句子強調的不是蘇格拉底？

哲學家：我再舉「蘇格拉底不存在」（Sokrates existiert nicht）這個句子作對照，或許您就會明白。這個否定句的重點又回到了叫蘇格拉底的人身上，不過，這個人並不存在。雖然這句話可能說出了事實，卻似乎出現了內在的矛盾：一個不存在的人，卻還有自己的名字或稱號？

讀者：人們從這幾個句子裡得出了什麼結論？

哲學家：人們推論出，「蘇格拉底存在」的邏輯形式（logische Form）跟「蘇格拉底笑了」的邏輯形式是不一樣的，就像「上帝存在」的邏輯形式也不同於「上帝是友善的」的邏輯形式。聖安瑟所謂的「本體論關於上帝存在的論證」似乎忽略了這個差別。

讀者：這又有點把我弄糊塗了！這裡出現了非常抽象的上帝的概念，人們提出這類上帝的論證要做什麼？

哲學家：對於許多哲學家來說，上帝存在的論證只具有純粹內在的哲學意義，舉例來說，亞里斯多德在他的形上學以及笛卡兒在他的認識論裡所提出的上帝存在的論證，其實都是為了解決一些哲學內在的難題。

讀者：不管怎樣，我不相信，世界上真的有人會因為您剛才這番說法而信仰了上帝。

哲學家：我也不相信。不過，對於信仰基督教的哲學家來說——例如，歐洲中世紀神學家聖湯瑪斯．阿奎納（Thomas von Aquin, 1225-1274）——為自身的信仰提供一個合理的基礎，卻是非常重要的事。

讀者：我也這麼認為。即使人們有宗教信仰，終究還是不可以放棄理性思維的運用。

哲學家：我完全贊成。尤其許多哲學家認為，理性是人類最接近上帝神性的一種特質。對許多人來說，上帝畢竟是純粹的精神體。

讀　者：上帝不管以什麼形式存在，祂總是無所不在，我覺得這種想法比較具有吸引力。

哲學家：這種對於上帝的觀點當然非常抽象，不過，或許我們在觀念上就是認為，上帝的形象必須是抽象的。批判宗教的哲學家經常指責人們的宗教信仰過於天真，總是傾向於依照自己具體的樣子來推想上帝的樣貌！這就像古希臘哲學家色諾芬尼（Xenophanes, 570-480 B.C.）曾舉過的一個比喻：如果牛也有雙手，牛隻所認為的眾神看起來就像長有雙手的牛。

讀　者：當我們在思考關於上帝的種種時，如果不以自己為出發點，那麼應該以什麼為出發點？

哲學家：這實在不好說。

第五次討論摘要

天文物理學的宇宙學是一門探索世界起源的學科，不過，哲學家也從事這方面的研究：一方面，宇宙論的基本概念，如時間和空間，本來就是哲學的研究對象；另一方面，關於世界起源的問題，從比較廣義的角度來看，其實就是存在的問題。難道「不被推動的原動者」，也就是所有存在的原始理由（Urgrund alles Seins），不一定存在？上帝的存在或許只是出於人們對於上帝的概念？哲學史上有許多哲學家曾試圖論證上帝的存在：有些哲學家是為了解決哲學內在（形上學和知識論）的難題，有些哲學家則是為了指出信仰和理性可以彼此相容。此外，關於上帝本質的問題，仍一再有哲學家做相關的討論。

■

①譯註：Universalienstreit，自柏拉圖時代以來，一些唯實論哲學家便將事物分成兩類：「殊相」是指一種同時只能出現在一個地方或一個事物上的東西，如這張椅子、那根香蕉。「共相」則是指同時能夠出現在許多地方或許多事物上的東西，如顏色，像這張椅子和那根香蕉所展現的黃色。中世紀的「共相之爭」是唯實論者和唯名論者針對事物是否具有客觀實在的共相所進行的爭論。唯實論者主張事物具有客觀實在的共相，唯名論者則認為共相只是抽離於事物之上的普遍概念，只是人類認知的工具，不具客觀實在性，也無關於任何實體。

②譯註：Ding an Sich，「物自身」一詞首先由康德提出。康德用「物自身」來指稱獨立於我們認識之外的、即不只「對我們」而存在的事物，而是其自身真正存在而與表象對立的存有物。康德判定「物自身」不可知，是人類理性所無法探及的。

星期一　星期二　星期三　星期四　星期五　星期六　星期日

星期六

什麼是哲學？

區別三組基本的概念

讀者：我覺得經過五天的對談後，我對哲學家的思考方式已比以前有更深入了解。但到目前為止，我們還沒有討論哲學這門學科的普遍特質，例如，哲學的定義之類的。

哲學家：您現在的想法就跟柏拉圖《對話錄》裡的蘇格拉底一樣。與蘇格拉底交談的人一直告訴他一些關於正義、友誼等例子，不過，蘇格拉底卻堅持，自己不想談論個案，而是事物本身普遍存在的道理。

讀者：到底有沒有人給哲學下定義？

哲學家：歷來的哲學家曾賦予哲學不同的定義。哲學在本質上是什麼？這個問題本身就是個哲學問題。

讀者：您可不可以告訴我一個您認為正確的哲學定義？

哲學家：實際上，我認為所有對於哲學慎重而嚴肅的定義，基本上都是正確的。這就跟其他的哲學問題一樣：哲學界曾出現各種不同的學說派別，試圖為哲學下定義，它們都有各自的優點，不然，就不會受到哲學家的青睞。

讀者：那麼，慎重而嚴肅的哲學定義有哪些呢？

哲學家：在談論什麼是正確的哲學定義前，首先，我覺得我們必須先談談對於整個哲學領域非常重要的三組概念的區分。第一組概念的區分是辨別不同的知識種類：「經驗知識」（aposteriorische Erkenntnisse；又稱為「後驗知識」），是我們從經驗所獲得的知識，至於獨立於經驗事實而存在的知識，就是康德所謂的「先驗知識」（apriorische Erkenntnisse）。

讀　者：這方面您可以舉例說明嗎？

哲學家：請您先耐心聽我把其他兩組哲學概念的區分說完，好嗎？有些發生的事實本身具有必然性，我們稱為「必然性事實」（notwendige Sachverhalte）。有些發生的事實可以是這樣，也可以是那樣，就被稱為「偶然性事實」（kontingente Sachverhalte）。最後，我們還必須區別兩種陳述：「分析性真實陳述」（analytisch wahre Aussage）是指單單基於語意便具有真實性的陳述；如果一項陳述的真實性不是源於自身的語意，而是指涉世界的實際狀況，便被稱為「綜合性真實陳述」（synthetisch wahre Aussage）。

讀　者：您既然說完了，現在總可以舉個例子吧！

哲學家：如果舉一個例子就可以讓我們辨別三組基本的哲學概念，一舉三得，那是最簡便的方式了！我們就用「單身漢是未婚的」這個述句為例吧！首先這個陳述具有分析的真實性，這個陳述之所以為真，只是由於它本身的語意。

讀者：您是說，因為「單身漢」就是指「未婚的男人」？

哲學家：沒錯！「單身漢」這個語詞已經包含「未婚」的意思，因此「單身漢是未婚的」這個陳述，光看它的語意就知道所言為真，而且就事實情況來說，「單身漢是未婚的」也具有必然的真實性。單身漢必須是未婚的男人，這是理所當然的事。

讀者：這有什麼差別嗎？

哲學家：陳述是屬於語言層面的，而剛剛所陳述的內容存在著某件事實，也就是說，單身漢是未婚的。因此，這個陳述同時具有分析的真實性以及事實的必然性，而且分析的真實性可以解釋事實的必然性：單身漢必須是未婚的，因為我們不會把已婚的男人稱作「單身漢」。單身漢未婚的必然性就是根據這個述句的分析性。

讀者：聽起來很有道理。

哲學家：最後，我們還可以藉這個例子談談知識的種類。「單身漢是未婚的」這個知識屬於先驗知識，與經驗無關。如果我們想要獲得「單身漢是未婚的」知識，只要掌握「單身漢」及這整個述句的字面意義就可以了！

讀者：為什麼「單身漢是未婚的」這個知識並不涉及人們的經驗？我們在使用這個述句前，必須先學會這個句子的每個字詞，難道語言文字的學習不需要經驗嗎？

哲學家：對！不過，一旦我們掌握了一些字詞語彙，就不需要參考語言學習的經驗了！我們只需要去了解「單身漢是未婚的嗎？」這個問題，就能得出它的答案。至於像「單身漢通常比較晚睡嗎？」這類問題，情況就不一樣了！人們要回答這個問題，首先必須對單身漢的生活作息有實際的了解。

讀　者：所以，「單身漢通常比較晚睡」這個知識是經驗知識？

哲學家：是啊！如果「單身漢通常比較晚睡」這句話確實是知識，那一定是經驗知識；如果這句話屬實，那麼它的陳述就具有綜合性真實，而不是分析性真實，畢竟它的真實性不是來自字句本身的意義。如果「單身漢通常比較晚睡」這個事實存在的話，它就是偶然性事實，而不是必然性事實，因為即使單身漢在實際生活中比較晚睡，卻不是非如此不可。難道單身漢不可以早早就寢嗎？

讀　者：嗯，我懂了！

第一次討論摘要

什麼是哲學？這個問題本身就是個哲學問題。為了了解各種不同的理論學派為哲學所下的定義，區分以下三組哲學的基本概念是非常重要的：也就是「經驗知識」和「先驗知識」、「必然性事實」和「偶然性事實」以及「分析性真實陳述」和「綜合性真實陳述」。

哲學作為概念的釐清

讀　者：為什麼我們需要辨別這些哲學概念？

哲學家：有些哲學家認為，分析性真實陳述就是在描寫必然性事實，而且是獨立於經驗外的先驗知識；至於綜合性真實陳述是在描寫偶然性事實，並屬於實際經驗所支持的經驗知識。總的來說，分析性／必然性／先驗性屬於同一個組合，跟綜合性／偶然性／經驗性這個組合相對應。除此之外，其他概念組合不存在。

讀　者：您的意思是，人們不可以任意改換概念組合的方式，例如把原先這兩個組合改換成分析性／偶然性／經驗性，和綜合性／必然性／先驗性？

哲學家：沒錯！在釐清這幾組基本概念後，人們就有學理基礎可以進一步為哲學下定義：哲學在於探究事物的本質，特別在於闡明其中的必然性特質。由於事物的必然性和分析性總是彼此交錯，所以哲學研究會專注於分析性真實的討論，而分析性真實往往來自詞句本身的意義，因此哲學的任務就是從事人類語言的探索。

讀　者：有沒有搞錯啊？哲學只做語言的研究？

哲學家：哲學作為語言分析，是當代一些哲學家的想法。哲學界過去一直認為，哲學是在研究事物的本質，直到二十世紀，哲學家才把哲學命題轉向語言學領域。他們試著把事物本質的探討導向語言使用的研究，也因而促成語言哲學在二十世紀的蓬勃發展！

讀者：這不會令人感到有點失望嗎？剛開始人們認為哲學是在處理世界本質的問題，後來卻變成只在討論人類怎麼說話？

哲學家：我們可以說，哲學是在探討人們怎麼說話；我們也可以換個表達方式：哲學是在研究人們的概念，因為人們的概念正顯示出人們怎麼說話。我們從昨天的討論中已經知道，我們的概念和這些概念所要捕捉的真實世界的關係並不是那麼清楚。或許人類概念的本質反映了這個世界的本質，或許這個世界的本質就是我們人類的本質。

讀者：這聽起來總讓人覺得有點老生常談。用「單身漢是未婚的男人」這句話為例也不是什麼深刻的洞見啊……

哲學家：然而，不是所有的分析性真實陳述都是這麼明顯的真實陳述。請您回想一下，我們前兩天曾經嘗試釐清知識的概念，如果人們可以找到知識本質的定義，那麼，這個定義應該是一種分析性真實陳述，只不過哲學這門學科不只是在尋找定義而已。

讀者：這讓我想起我們在星期四說過的一些奇奇怪怪的例子，這些例子不也顯示出，知識其實不只是證成的真實信念。

哲學家：這句話乍聽之下好像是分析性真實陳述！我們如果相信，我們對於自己實際的說話方式以及許多概念之間的關係一直都掌握得很好，那就大錯特錯了！我們對於語言的使用及自己所擁有的概念其實都沒有概括性了解，所以，有必要做一些概念的澄清。

讀者：從這個觀點看來，人們似乎在哲學裡只能尋求這類關於本質的定義了？

哲學家：不是這樣的。我們其實可以透過各種不同的方式來概括掌握我們的語言使用和連帶的概念。我們可以尋找一個概念的本質定義，也就是藉由個別的必要條件和共同的充分條件來完成一種分析。有時只找出概念運用的必要條件或充分條件，也行得通！我們也可以把一些使用重要字詞的例子擺在一起，讓大家可以一目瞭然，或是加以對照比較，好讓大家能有更多的了解。或者，我們還可以藉由形式邏輯（formale Logik）的方法來完成概念與概念之間的理性建構。

讀者：難道這一切跟我們關注的是哪一種語言沒有關係？或許中國人的概念跟我們德國人完全不一樣。

哲學家：或許不一樣，不過，我想先指出，大部分重要的哲學概念似乎都不約而同地出現在使用不同語言的文化裡。哲學並不想呈現某些概念的全貌，而是人類理解自我以及這個世界的一些基本概念：知識、真理、事物、特質、正義、自由、樂趣和美等……

讀者：……當「單身漢」這個概念沒有哲學的吸引力時。

哲學家：從另一方面來說，確實是如此，這特別要看我們是不是釐清了自己的概念。我們抱持的概念會影響我們提出的哲學問題，如果我們有完全不一樣的概念，就會有完全不一樣的哲學問題。

讀者：如果有人想研究哲學，卻只能掌握自己本國的語言，並不懂任何外語，這樣的語言能力足夠嗎？

哲學家：研究哲學不一定要通曉外國語言。從這裡我們也可以了解，為什麼哲學的探討純屬先驗性質，而獨立於經驗事實之外。當人們可以了解哲學問題時，例如「什麼是知識」，原則上他已經具備所有回答哲學問題所需要的能力，也就是掌握和運用「知識」這個詞彙和概念的能力。至於從知識衍生出來的經驗對於哲學來說，就不再必要了！

這點似乎就是哲學和一些實證學科根本的分野。

讀者：我們這個禮拜的哲學對談都在動嘴巴，既沒動手做實驗，也沒有用眼睛觀察。

哲學家：是啊！依照我們剛剛談過的哲學觀點，以經驗事實為研究對象的實證學科在區別三組基本的哲學概念裡，是屬於綜合性／偶然性／經驗性這個組合：這類學科著眼於偶然性事實和綜合性真實，因此它們的知識是經驗知識。如果這個說法正確的話，哲學和其他實證學科的分界線其實是很清楚的，它們之間根本不存在模糊地帶。

讀者：如果哲學跟其他學科完全沒有交集，那不是很奇怪嗎？

哲學家：有些哲學家並不認同這種看法。就連主張哲學和其他實證研究之間有明確界線的哲學家也相信，哲學家和實證主義者之間絕對存在著彼此互補及合作的可能性。這也是很自然的事！

讀者：那麼，這類科際之間的合作看起來是什麼樣子？

哲學家：有些實證研究經常需要釐清專業領域的一些基本概念，例如研究腦部和神經系統的醫學和生理學領域。這方面的科學研究有部分涉及到一些沒有被完全釐清的概念，如知覺、思考、情緒、意志、意識……

讀者：哲學家負責澄清概念，而從事實證研究的人要做實驗，這是不是他們之間的分工方式？

哲學家：任教於牛津大學的英國當代哲學家哈克（Peter Hacker, 1939-）則認為，哲學家應該負責梳理實證研究論述中的思想，而實證領域的專家們如果對於自己的研究具有清楚的思想，就應該致力於檢驗實證研究的真實性。

讀者：如果實證研究者的研究思想不清楚呢？

哲學家：那麼，哲學家和從事實證研究的人或許必須共同思考，怎樣運用語言來達到清楚的學術論述並建立適當的概念。

第二次討論摘要

有些哲學家認為，哲學無非就是概念的釐清。哲學家喜歡研究事物的本質，也就是事物必然的關聯性、分析的真實性以及概念的澄清。所以我們可以理解，哲學是一門屬於先驗知識的學科，它的研究不以事實經驗為基礎，而是依據人們對於概念和語言的運用。哲學（專門研究必然性事實／分析性真實／先驗知識）和實證學科（專門研究偶然性事實／綜合性真實／經驗知識）之間可能存在著清楚的分界線，不過，哲學家和實證研究者之間仍存在攜手合作的可能性：因為實證學科也經常需要澄清一些跟哲學有關的基本概念。

三組無法釐清的概念？

讀者：不是所有哲學家都認為，哲學和實證學科之間存在著明確的界線，是嗎？

哲學家：對，有些哲學家認為，哲學和實證學科之間並沒有一條清楚的分界線。

讀者：因為他們不相信哲學的探討只是在澄清概念？

哲學家：不只是這樣，他們甚至懷疑，斷然劃分「分析性陳述」和「綜合性陳述」是不是有意義？

讀者：不過，我們剛剛不就是這麼說的嗎？

哲學家：我們已經說過，分析性真實陳述只是基於它的字面意義的真實。然而人們還會接著問，到底什麼是「基於字面意義的真實」？為了解釋，人們大概必須使用某些詞句做表達，如「只要有語言能力就可以辨識的」、「必然性真實」或「分析性真實」。

讀者：這不就成了循環的論證？

哲學家：沒錯！如果人們在論證的起點就質疑「分析性真實」這個語詞的使用，那麼，他們也會質疑這個循環的論證。

讀者：不過，到底哪裡出了問題？難道是因為人們不能這樣沒完沒了地定義下去。

哲學家：覺得這類論證方式有問題的哲學家——特別是美國哈佛大學哲學系教授奎因（Willard Van Orman Quine, 1908-2000）就認為，像「分析性真實」、「必然性真實」或是「基於語意的真實」等語詞的表達畢竟都不夠清晰明瞭，無法讓人們獲得清楚的了解。人們使用一個不清楚的語詞來解釋另一個不清楚的語詞，就無法清楚闡明自己的論述。

讀　者：不過，確實有清晰呈現的分析性真實陳述存在，例如「單身漢就是未婚男性」。

哲學家：天主教的教宗呢？教宗確實是未婚男性，不過人們卻不會稱他為「單身漢」。

讀　者：好吧！我們必須把特殊情況也一併考慮進去，這樣總可以了吧！

哲學家：請您現在回想一下，我們前幾天關於知識概念的討論。如果一個信念具備了知識證成的諸多條件，我們不也認為，那就是真確無誤的知識？

讀　者：難道您不相信，有些例子可以清楚明白地呈現分析性真實。

哲學家：誰說的！您是指「雄鴨是公的」這類述句？我覺得，人們要辨別分析性描述和綜合性描述不是問題，而且人們在平日的生活中確實可以把「無法相信」和「無法理解」區分得很清楚。史卓生（Peter Strawson, 1919-2006）和葛萊斯（Paul Grice, 1913-1988）這兩位當代英國語言哲學家曾舉過以下例子：如果有人告訴我們，他的三歲兒子能夠理解英國哲學家羅素的類型理論（theory of types），我們會無法相信這個人所說的話；如果有人告訴我們，他的三歲兒子是成年人（不只是外型或言行舉止等像個成年人），我們會無法理解這個人所說的話。

讀者：「無法理解」和「無法相信」的區別，跟「分析性真實」和「綜合性真實」的區別彼此一致嗎？

哲學家：對！如果述句是分析性真實陳述的反面，也就是分析性錯誤陳述，人們會無法理解，例如，剛剛提到的那句：「我的三歲兒子是成年人。」如果述句是綜合性真實陳述的反面，也就是綜合性錯誤陳述，人們倒可以理解，不過可能無法相信這個敘述為真，例如剛才我們也提到的述句：「我的三歲兒子能夠理解羅素的類型理論。」人們可能還理所當然地認為，這樣釐清「無法理解」和「無法相信」的區別是不夠的。人們終究必須解釋，認識語言表達的意義是什麼？二十世紀的語言哲學家們曾經詳盡嘗試這方面的探索。

讀者：這些語言哲學家們怎麼從事這方面的研究？

哲學家：這說來話長，不過，他們在從事語言哲學的研究時，基本上會使用兩種方法。第一種研究方法著眼於人類語言會特別受到自身表達功能的支配，因此，如果人們知道一個字詞代表什麼，就可以知道這個字詞的意思；如果人們知道一個句子在什麼情況下具有真實性，就可以明白這個句子的意思；如果人們能夠理解，複雜的語言含意如何從構成語言的字詞的意義裡產生，就能明白語言的結構。

讀者：嗯，聽起來很有說服力。

哲學家：不過，魔鬼就藏在細節裡。如果人們沒來由地隨意說出，「法國的現任國王」或「然後呢？」這些對於當時的語言情境毫無意義的詞句時，這該怎麼處理？或者，當人們無厘頭地說「我在此宣布你們為夫妻」、「萬歲！」或「現在幾點？」這些對於當時的語言情境是錯誤或不真實的詞句時，這該怎麼處理？

讀　者：那另外一種方法呢？

哲學家：人們認為，語言主要是一種實踐，說話就是一種行動。懂得如何使用語言表達的人就能了解語言表達的意義。

讀　者：難道語言哲學家不能用某種方式把這兩種研究方法整合在一起？

哲學家：一些語言哲學家曾經做過這方面的嘗試。不過，就像我們在前面說過的，這當中還有許多棘手的細節。現在的哲學界，能像奎因教授當時那樣，對於字詞意義的概念抱持相當懷疑態度的哲學家算是鳳毛麟角了！

讀　者：那好吧！不過，我們卻有充足的理由反對分析性真實和綜合性真實的區分。這跟哲學的本質有什麼關係？

哲學家：這很簡單。人們可能會說，哲學是一門先驗的學科，在研究必然的關聯性（notwendige Zusammenhänge）和分析的關聯性（analytische Zusammenhänge）。相反的，實證學科是建立在經驗的基礎上，著眼於可能發生的事實，在研究綜合的關聯性（synthetische Zusammenhänge）。後來有些哲學家反對把哲學和實證學科、把分析性真實和綜合性真實做簡單的二元區分：也就是說，沒有分析性和綜合性的區別！沒有先驗和經驗的區別！沒有必然性和偶然性的區別！沒有哲學和實證學科的區別！

讀者：不過，總是存在著某種區別吧！

哲學家：雖然我們無法截然劃分哲學和實證研究的範圍，不過它們之間似乎存在一種漸進式區別：有些專家需要非常直接的事實經驗來檢驗論證的真實性；有些專家則研究比較抽象、比較遠離事實經驗的問題。

讀者：按照這種區分的方式，哲學所探索的問題最抽象、也距離經驗最遠？

哲學家：對，除了哲學之外，數學也是。

第三次討論摘要

有些哲學家會質疑，人們是否能有意義地區別分析性真實和綜合性真實。他們認為，所有這種二元區分的解釋畢竟不夠清晰明瞭，而且一些關於分析性真實的例子也往往含糊。甚至一些字詞意義的概念本身也不清楚？二十世紀有許多哲學家從事語言哲學的研究，他們或從語言的表達功能出發，或從語言就是實踐的觀點出發。如果我們沒有區別分析性真實和綜合性真實，就無法分辨先驗知識和經驗知識，以及必然性事實和偶然性事實，哲學和實證學科之間也就沒有一條清楚的分界線。雖然我們無法截然劃分哲學和實證研究的範圍，不過，它們之間卻似乎存在著一種漸進式區別：從依據事實經驗的實證學科到愈來愈抽象的學科，如哲學和數學。

哲學作為概念的建立

讀者：不過，您是不是認為，那些相信可以區別分析性真實和綜合性真實的人是對的？

哲學家：沒錯！

讀者：那麼，您也相信，有一道清楚的界線可以把哲學和實證學科截然一分為二，因為哲學涉及分析性真實，而實證學科是在研究綜合性真實？

哲學家：不，我不這麼認為。

讀者：那麼哲學和實證學科，以及分析性真實和綜合性真實之間，有什麼關聯性？

哲學家：相信分析性真實和綜合性真實之間有清楚的分界線，並不表示必須相信哲學的研究只限於概念的澄清，只限於分析的關聯性。

讀者：那麼您認為，哲學不只研究分析的關聯性，也研究綜合的關聯性？

哲學家：對，而且這對我來說，甚至很明顯。在我們這幾天的哲學對談裡，您總是一再看到，我們所談論的內容經常是在釐清概念之間的關係，比方說，我們討論過，什麼是知識，或是一個信念的證成是什麼意思。不過，如果我們討論的是倫理學和道德哲學，我心裡就很明白，這兩個領域不只在處理概念之間的關聯性。

讀者：我現在還記得，我們星期三在討論倫理學時說過，人們不可以認為，那些否定效益主義「為最多人創造最大幸福」的原則的人是故意不聽取別人的意見。我認為，倫理學的探討也要釐清概念，例如我們問過，什麼是正義？什麼是自由？

哲學家：沒錯，不過我覺得倫理學的研究不只和既有概念的釐清有關，也涉及新概念的建立：人們試著形成一個正義的概念，還盡可能讓它和我們普遍的觀念以及對於個別情況的直覺相吻合。

讀者：這是基於思考的平衡。

哲學家：沒錯！就這點來說，我認為，哲學跟實證學科是類似的。

讀者：所以，哲學帶有實證性質？

哲學家：有和沒有都是對的答案。為了讓新觀念的建立更容易讓人們了解，我喜歡舉一個很簡單的例子：我們怎麼知道，鯨魚不是魚？

讀者：因為鯨魚會哺乳，而且是用肺呼吸。

哲學家：對，不過，我們從哪裡知道，鯨魚因為具有這些特性，所以不算是魚類。

讀者：大概是根據人們對於魚類的生物學定義。

哲學家：接下來的問題就很有趣了：人們如何形成魚類的生物學定義？

讀者：我想，生物學家曾經試著為動物界林林總總的生物做過系統性分類。生物學家下定義時，會盡量避免產生觀念和指稱的混淆。

哲學家：我也這麼認為。無論如何，我們可以確定的是，從前的生物學家要建立「鯨魚」這個新的生物學概念時，不只考慮 Fisch（魚）這個字詞在一般口語的意義，不然，現在的標準德語就會把鯨魚稱作 Walfisch（鯨魚），而不是 Wal（鯨）了！當生物學家們更詳細研究鯨魚和各種不同的魚類時，就大致確定，如果把鯨魚歸入魚類，會造成概念的混亂，因此便把魚的概念精確化，而不把鯨魚視為魚類！美國分析哲學家卡納普（Rudolf Carnap, 1891-1970）稱這種現象為「概念的闡明」（Begriffsexplikation）。

讀　者：這是可能發生的情況，不過，鯨魚這個例子能告訴我們什麼？

哲學家：從這個鯨魚這個例子裡，我們可以知道，把知識分為實證和非實證兩類，其實不一定是件容易的事。鯨魚不是魚，這個生物學界的見解是實證知識嗎？無論如何，經驗在知識領域中扮演很重要的角色，不過人們也不會表示，可以單從經驗當中得出魚類的定義。這個例子可以讓我們看到非常典型的概念的建立。

讀　者：那麼您會認為，在科學領域裡建立概念，就跟在倫理學和道德哲學裡建立概念是一樣的？

哲學家：無論如何，探求正確的正義概念對我來說，和尋找正確的魚類概念並行不悖。如果我們的思考要兼顧實際和理論，這兩種定義的建立都可以啟發我們，如何能夠最準確地理解這個世界。請您回想一下我們在星期三的討論，當時我就曾刻意把道德和學術擺在一起對照和比較。

讀者：就如您現在所說的，哲學和實證學科之間實際上比較是平行存在的關係，而比較不是漸進式的界分，是這樣嗎？

哲學家：是啊，不過，或許我們也可以找到這兩者之間彼此交集重疊的過渡地帶。

讀者：那個過渡地帶到底在哪裡？

哲學家：請您試著回想一下我們昨天的交談。我認為，各種不同學科的知識基礎的問題就是和哲學領域有交集的問題，而且這個看法絕對可信。舉例來說，關於時間和空間本質的問題既是物理學的問題，也是形上學的問題；關於意識本質的問題是哲學問題，也是認知科學的問題；語言學試著闡明語言的本質，同樣的，語言哲學也在探討這個主題等等。如果有人主張，哲學只是概念的澄清，他們當然會說：哲學只是在探究意義，而學術知識則和經驗實證有關。但我倒是認為，哲學從概念的澄清到建立新的概念，事實上並不是跨出一大步。

讀者：這麼說來，哲學或許是實證學科的一部分，一門特別基礎的實證學科？

哲學家：無論如何，這個觀點是一個非常經典的哲學領悟。許多哲學家認為，他們的研究是在探索學術的基本原理，只不過這些研究距離事實經驗比較遠而已。早在兩千多年前，古希臘哲學家亞里斯多德就已經這麼說了！

第四次討論摘要

儘管人們相信，可以清楚辨別分析性真實和綜合性真實，這卻不意味著，人們必須相信哲學的研究只限於概念的澄清。實際上，如果我們把目光投向倫理學和道德哲學，就會知道哲學家也對新概念的建立感興趣。就概念的建立而言，哲學跟實證學科（即使這些學科並不具有純粹實證性）是類似的。哲學和實證學科之間是平行存在的關係，不過，哲學和各個實證學科之間也有交集，也存在一條漸變的過渡地帶，因此哲學也是實證學科的一部分，特別是學理基礎的部分。

建立系統並解開未解之謎

讀者：您可能會說，不只是概念的澄清，就連概念的建立對於哲學也很重要。

哲學家：沒錯！只是不同的哲學主題在這兩方面會有不同的偏重，但就整體而言，概念的澄清還是比概念的建立來得重要。

讀者：為什麼概念的澄清比概念的建立還要重要？難道這個觀點不會太過保守嗎？

哲學家：不管怎樣，首先我們必須釐清，自己所持有的概念彼此之間的關係是什麼？然後我們就可以問：界定並區分這些概念會不會讓這些概念變得比較有條理？如果涉及到基本的哲學概念，我們應該心裡有數，澄清既有的概念並不是一件簡單的事，更何況這些概念已經堆疊了好幾代人的經驗。

讀者：這麼一來，哲學這門學科要怎麼進步呢？

哲學家：這是個重要的問題，我們待會應該會更仔細討論。不過，我們首先可以確定的是，哲學領域幾乎不會出現新的、需要評估的實證資料，在這點，它和科學不一樣。

讀者：您是指，哲學的研究不需要用眼睛觀察或動手做實驗？

哲學家：沒錯！對一些學科來說，新概念的建立比既有概念的釐清更重要，這是很容易理解的，因為這些學科需要把新的經驗事實做分類並納入原有的知識體系中。哲學的情況卻不是這樣：一些哲學概念，如知識的概念或事物的概念，看起來是這麼基本的東西，即使後來還出現其他經驗，也無法撼搖這些既有的概念。

讀　者：那麼，我們是不是可以為哲學下個定義：哲學藉由概念的澄清和建立，試圖闡明學術知識、倫理和道德的基礎，是嗎？

哲學家：或者可以這麼說：哲學藉由概念系統的建立，試圖讓人們對於自我和世界擁有更多基本的、理論的和實際的理解。

讀　者：有道理！這個星期跟您促膝對談時，我也覺得我主要的困難就是無法掌握整體的概貌。我可以透澈思考一些個別的議題，但是要在整個思想體系中不失去方向感，往往不是那麼容易。

哲學家：在個別的實證學科中，魔鬼會藏在細節裡，然而在哲學領域中，魔鬼實際上隱身在整體系統裡。當人們認為思考過程的某一環節是理所當然時，卻在另一環節導出人們無法接受的結論。因此，人們從事哲學思考時，必須一直保有對整體的鳥瞰，不可以見樹不見林。這也是哲學思考比較困難的地方。

讀　者：這些努力是為了建立一個能讓一切都各就各位的系統嗎？

哲學家：有些哲學家確實致力於建立一個能夠解釋一切的思想體系，例如，黑格爾。現在許多哲學家可能會認為，自己不是獨自做研究，而是跟別人在學術上分工，是一個大型學術系統中的一顆螺絲釘。特別是那些在研究上著重形式的（formal arbeitend）哲學家就是這麼想的。

讀者：您所謂的「在研究上著重形式的哲學家」是指什麼？

哲學家：就是那些認為需要在研究上運用許多邏輯，甚至是數學的哲學家。他們希望透過這些輔助工具，成功建構出一套嚴謹的系統性哲學理論。

讀者：您是不是也相信這種研究？

哲學家：如果人們喜歡哲學理論的話，這確實是一種有趣的研究方式。邏輯對於哲學來說本來就很重要，即使哲學家們不借助它來建立一套思想系統。

讀者：因為邏輯是在研究思考的法則？

哲學家：您這句話其實具有多重涵義。關於我們實際上如何進行思考的問題並不是邏輯的問題，比較是心理學的問題。邏輯是在探討人們如何正確推論，並把得出的結論歸入抽象的思想系統中。

讀者：邏輯在哲學領域裡真的派得上用場嗎？到目前為止，我們的哲學對談都沒有用到邏輯，我這個哲學的入門者也能跟得上您的解說和引導。當然，我們並沒有談到所謂的「抽象的系統」。

哲學家：我覺得，邏輯就像過去美蘇兩國的冷戰。

讀者：邏輯跟冷戰有什麼關係？

哲學家：這樣說吧，人們在冷戰期間需要許多軍備武器，目地不是為了使用它們，而是要增加本國潛在的威脅力，以嚇阻敵方可能的侵犯。邏輯在哲學中所扮演的角色就像冷戰時的軍火，人們可以取用它們，不過通常不會動用它們。人們用論據證明自己的論點時，即使實際上沒有得出任何的形式分析（formale Analyse），卻總會顧及立論的邏輯結構（logische Struktur），好讓自己的論證看起來比較清晰、有條理。所以，邏輯對於糾正含糊不清的思考是很重要的。

讀者：您剛剛說，人們如果喜歡哲學理論的話，著重形式倒是一種有趣的哲學研究方式。這麼說，並不是所有的哲學家都喜歡哲學理論嘍？

哲學家：沒錯！有鑑於「哲學理論」會消融哲學的概念分析和實證學科的經驗思考之間的分界線，有些哲學家乾脆不談「哲學理論」，雖然他們也嘗試用最基本的概念來建構一個完整的思想體系。相反的，有些哲學家關注的重心就完全不一樣！例如，前面提過的懷疑論者。想起來了嗎？這個學派的哲學家比較少關心理論，比較不想把一些概念納入一個思想體系裡。

讀者：懷疑論者比較想解決某個問題吧！

哲學家：在哲學領域裡，經常是這樣。哲學家沉思一個主要的概念時，往往會陷入思考的困境，而且可能再也無法跳脫這個泥沼。

讀者：說來說去，好像又回到我們前幾天說過的「它並不是這樣，卻必須是這樣」這句話。

哲學家：是啊，語言哲學家維根斯坦就是這麼說的。遠在古希臘羅馬時代，人們就把這種受困而無計可施的窘況稱為「疑難」（Aporien），在哲學領域裡，這類例子比比皆是：我們不是沒有自由意志，卻必須是這樣；一件事物不是它所有性質的總和，卻必須是這樣；我們不是什麼都無法知道，卻必須是這樣；道德不是客觀的，卻必須是這樣；不只有效益的最大化對於道德是重要的，卻必須是這樣。類似的哲學例子實在太多了，不勝枚舉。

讀者：那麼，哲學的任務就是要解開這些謎團？

哲學家：我認為，每個哲學領域的核心都存在這類未解之謎，甚至可以進一步說：各個不同的哲學領域因為有這類謎樣問題的存在而讓研究內容和範圍獲得認定。例如，知識論的核心就是要嘗試解開懷疑論者所拋出的難題；形上學的研究範圍是由幾個緊密相關卻令人困惑不解的形上學問題所界定的等等。

讀者：所以，哲學是在解決疑難而不是在建構一套思想系統，您同意嗎？

哲學家：或者我們可以說，兩者都是，這或許就是哲學這門學科的性質，更何況解決難題和建構系統之間還有密切的相關性。有些哲學家非常熱衷於某些未解的難題，不過他們卻必須透過掌握（甚至改變）相關概念的全貌，才能找到這些謎題的解答，因此，一些既有的概念不可避免地會被賦予某種程度的系統性。從反方面來說，如果哲學家想要建構一個廣泛的哲學系統，就會碰到一些未解的哲學之謎，所以也必須設法找出它們的解答。

讀者：如果我沒有搞錯的話，是不是可以這樣說：哲學藉由概念的澄清和概念的建立來掌握人們認知自我，以及這個世界的理論與實際的基礎，並試著建構思想系統和解決思想的疑團。

哲學家：說得好！

第五次討論摘要

對哲學來說，概念的澄清比概念的建立更重要。既有概念的澄清和新概念的建立可以讓我們掌握一些相關概念的全貌，最後甚至可以建構出一個思想體系（有些哲學家喜歡使用邏輯這個哲學工具，即使沒有顯露出邏輯分析的形式，邏輯卻是哲學領域的要角）。不過，哲學的重心不一定是思想系統的建構，有些哲學家比較專注於解決各個哲學次領域裡關鍵而基本的哲學難題。建構哲學系統和解決哲學難題之間不僅沒有相互的排斥性，反而還有密切的相關性。人們可以透過這兩方面的哲學成果，進一步掌握認知自我及世界的理論與實際的基礎。

哲學領域的進步？

讀者：您知道嗎？有一點讓我感到很驚訝：哲學探究的難題似乎總是那些。我是指關於自由意志、懷疑論的挑戰等問題。

哲學家：而且我認為這些未解的哲學之謎還會繼續存在。

讀者：這樣不是很奇怪嗎？哲學家們這兩千五百年來，總是在思索如何解開這些謎團，那麼他們一定逐漸受夠了這種沒有結果的探求，或是早就心灰意冷地放棄了！人們如果經過這麼漫長的時間還無法解決一個疑點，那似乎就不可能會得到它的解答了！

哲學家：您剛好說到了關於「哲學的進步」這個棘手的議題。

讀者：因為您在我們這幾天的交談中一直提到，「柏拉圖曾說過」、「康德也認為」之類的話，所以，這個問題已經在我腦海裡轉很久了！

哲學家：不論是主修哲學的學生，或是從事哲學研究的學者，研討哲學史上一些經典的見解是很重要的。

讀者：如果哲學這門學科會進步的話，為什麼哲學家總是在研究一些哲學史的經典作品？難道這些古舊的理論一直無法被超越？相較之下，牛頓的著作在物理學界早就沒有人要念了！

哲學家：關於哲學的進步這個問題，它本身就是一個典型的哲學之謎：在哲學領域裡並沒有所謂的進步，不然，人們怎麼理解哲學家為什麼一再地討論相同的難題，一再地重複鑽研和解釋前人所留下的文本。雖然如此，哲學仍必須要有新的開展，不應該老在原地打轉，不然，人們怎麼把它當成應該嚴肅看待的智識活動？

讀　者：那您找到答案了嗎？

哲學家：大概吧！我把我的答案分成兩個部分，比較無聊的部分是：有些哲學領域確實有它的進展。

讀　者：比方說？

哲學家：二十世紀的哲學發展剛好有兩個很好的例子：邏輯學和語言哲學。邏輯學的起源可以追溯到古希臘時代的亞里斯多德，不過，這個領域後來長期處於停滯狀態，沒有什麼進展，直到十九世紀才由德國數學家、也是邏輯學家弗雷格（Gottlob Frege, 1848-1925）重新開啟邏輯的討論和研究。當邏輯學打下新的根基後，新的數學領域便隨著興起，語言哲學也跟著熱門起來：二十世紀有許多哲學家曾密集從事語言的研究（而且弗雷格的邏輯學思想曾經對這方面的研究發揮非常重要的影響），語言學界由於受到一連串語言哲學研究的激勵，還獨立發展出一些新的語言學研究，而且這些研究已經明顯超越了哲學家對於語言研究的興趣以及研究的能力。

讀者：您認為這些例子正好可以說明，哲學真的是每個學科的基礎。

哲學家：對，我們其實還可以再舉一些例子做說明。不過，即使哲學是一門關於各個學科基礎的學問，它還是會試著讓自己有所進展，某些哲學次領域的研究方式和重點已經出現明顯的轉變，例如物理哲學（Philosophie der Physik）和神經哲學（Neurophilosophie）這兩個領域並不著重哲學經典的研究，而是新的學術成果的探討。

讀者：所以您認為在哲學領域裡進步是存在的？

哲學家：對，某些哲學次領域確實有進展。但我比較不想說，整個學科的演變是一種進步，特別是關於那些重要的哲學謎團的解答。

讀者：這是因為這些難題無法解決？還是已經獲得解決？

哲學家：這些哲學之謎如果有解，史上一些偉大的哲學家早就找到答案了！可惜的是，有些哲學家所提出的解答並沒有太大幫助。

讀者：這我不懂。為什麼沒有太大的幫助？

哲學家：因為這些有待解密的哲學謎團會不斷出現在「新的知識背景」下，如果某個哲學家在某種知識背景下找到解答，人們就必須把這個解答放入相關的知識背景下，才有辦法正確地理解它。

讀者：我還是聽不懂。您所謂「新的知識背景」是什麼意思？

哲學家：就以關於自由意志這個難解的問題為例吧！人們現在提出自由意志的問題是以現代

神經科學為知識背景，而生活在中世紀的歐洲人卻是以神學為知識背景，也就是對於那位無所不知、能夠預知所有決定的上帝的信仰。即使這個問題在這兩個不同的時空下所得到的答案看起來很相似，它們卻是來自不同的知識背景。

讀者：經過這個星期的哲學對談，我不覺得哲學家們已經把哲學的問題解決了！

哲學家：我了解。不過，這也是哲學研究的特色：哲學家如果對於某個議題採取某個特定的立場時，他往往會認為，自己已經找到相關的解答。

讀者：這難道不是一種傲慢？

哲學家：不一定是傲慢。或許有些哲學家真的已經把一些對於相關的問題特別重要的觀點成功地統合，而另一些哲學家則認為其他觀點比較重要。

讀者：所以，哲學家們對於彼此所提出的解答往往沒有太多的意見。

哲學家：反正哲學家的任務就是經常強調各種應該被考慮的觀點。這就要看哲學家認為一個哲學難題的哪個面向看起來特別重要，他們就會基於自己的觀點來看待並處理這個問題。在我的印象中，哲學家們在探討一個問題時，經常從不同的面向趨近彼此，有時甚至會在中心點相遇。

讀者：在這方面，哲學界顯得一派和諧！不過，我還有個問題，您沒有回答：為什麼哲學家還是抱著哲學的經典，啃讀個沒完？

哲學家：一直都是這樣啊！哲學家為了鑽研一個問題而仔細研究哲學經典的文本，鉅細靡遺地掌握相關的解決建議，並表明自己的立場，這就是一個很好的、深入分析問題的方式。

讀者：哲學史專家都是這麼做研究嗎？

哲學家：哲學家從事哲學史的研究畢竟只是附帶的。從哲學的觀點來看，哲學家主要是在探索某些具體的問題。不過，要為具體問題尋求解答，往往必須掌握哲學經典著作裡的相關答案。在哲學發展的過程中，或許因為人們凸顯某些觀點，而讓許多其他觀點被淹沒在時間的洪流裡，因此必須透過研讀前人所留下的著作再重新把它們找回。所以，就連一份針對某本哲學著作所發表、看似純粹的評論，也可能是跟處理具體問題有關的哲學論文。

讀者：不斷創新是不是人們在經典文本以外的選擇？

哲學家：我們必須有自己的見解和主張，不管我們是不是或多或少探討過一些哲學家的經典著作。如果人們無法在哲學裡使用自己的語言，用自己的方式做論述，這就表示，他並沒有真正讀通哲學。

讀者：我還是聽不太懂。

哲學家：我來做一個比較好了！這種比較可能會產生誤導，有點危險，不過，或許對您的理解有所幫助。

讀者：您想把哲學和什麼做比較？

哲學家：就是藝術啊！難道您不覺得，藝術的領域雖然不是一直在重複幾個相同的主題，卻或多或少地和幾個主題有關？

讀　者：您是說，愛情和死亡。

哲學家：這些主題不但沒有隨著時間的流轉而消逝，反而不斷在不同的時空背景下出現。不過，我們卻不能說，這種主題的重複很乏味，這就好比人們表示，我們不再需要新的文學作品，因為古希臘的悲劇作家索福克里斯（Sophokles, 496-406 B.C.）的作品基本上都已經處理過所有的文學主題？

讀　者：是啊，畢竟重複是無趣的。

哲學家：藝術家為了創作自己的作品，不也經常參考前人的作品？難道他們不會經常想要回復那些已經消失、古代的藝術觀點？

讀　者：例如，西方文藝復興時期的藝術。所以，您認為哲學的情形也跟藝術一樣？

哲學家：無論如何，哲學和藝術類似。哲學處理人類的基本課題，這些課題從不會過時，因為人類思索這些主題是他本身存在的一部分。哲學家想為一些未解的哲學謎團尋找完美的解答，就跟藝術家想要創作完美的藝術作品一樣。他們所從事的研究和創作似乎都無法達到完美的境地，不過，不斷回歸這些人生的主題卻是人類本質的一部分。

讀　者：您說得真好！現在我懂了！

第六次討論摘要

哲學研究的進展有時會促成其他學科的興起。哲學領域主要的未解謎團似乎一直沒有獲得解決。從前的哲學家已經把這些難題解決了嗎？或許解決了，或許還沒有充分解決。我們必須不斷探討這些哲學難題，並試著找到自己的解答。我們必須有自己的見解和主張，不管我們是否或多或少認真地探討過從前哲學家的觀點。從創新和回顧的角度來看，哲學和藝術是類似的！

星期日

為什麼要探究哲理？

讀者：那後面是海嗎？

哲學家：沒錯！我們的象牙塔就在這座「幸福島」（Insel der Seligen）上，圍繞這四周的海洋就是「美麗之海」（Meer der Schönheit）。

讀者：真是充滿詩意！在此我必須跟您說：經過一個星期，我大概已經習慣和您在象牙塔裡的生活，也習慣了這種高度。我現在已經不會像剛來的時候那樣，每次往外看，都會覺得頭暈。

哲學家：雖然一個星期很短，不過，只要您想認真探索哲學，就會看到自己在這方面的進步。

讀者：我覺得我在這幾天的哲學對談裡，所碰到的問題實際上比所得到的答案還多。

哲學家：這也沒有什麼不好！我雖然不斷地告訴您，我所推測的答案在哪裡，不過，在哲學領域中，人們終究還是必須自己去尋找答案。我在交談裡所表達的意見主要是想引導您，跟哲學家一樣自主地思考。古希臘人把這種引導叫做「勸學」（Protreptik），一種對於探究哲理的鼓勵（Anreiz zum Philosophieren）。這就是我想給你的東西。

讀者：就這點來說，您確實成功了！不然，我早就從這座象牙塔落跑了！我現在幾乎相信，我在來世會是一位哲學家！

哲學家：或許我在前世也這麼想過。

讀者：不過，如果我想在這一世就成為哲學家，到底要怎樣才能圓夢？我應該繼續沉思那些我們在這七天所談論過的問題嗎？

哲學家：其實，獨自一個人探索哲學並不理想，最好能有個討論的對象。透過別人的幫助或提出不同的意見，我們才能發展出自己的想法。

讀　者：但要找到一個合適的交談對象並不容易。

哲學家：沒關係！您可以隨時回到這個象牙塔來找我聊聊。

讀　者：您是說，再找一本哲學書籍來閱讀，就可以回到這個象牙塔？

哲學家：或者，您甚至可以考慮在大學主修哲學！

讀　者：還是先談談閱讀吧！到底可以先從哪些著作著手？

哲學家：適合您閱讀的書其實很多，要回答這個問題並不容易。請給我一點時間考慮，我明天寫信給您時，會附上一份適合您參考的哲學書單。

讀　者：好，一言為定！在我們結束談話前，我很想問您一個問題。我現在已經比較了解，什麼是哲學，但是這門學科好在哪裡，我一直不是很清楚。我認為，哲學的重要性是對於其他學科的支援，或作為它們的理論基礎，這點我們昨天已經談論過了。不過，這個星期以來，我們的討論重心卻和個別學科的哲學基礎無關，而是聚焦在那些難解的哲學謎團上。由此可見，您明顯主張，哲學的核心是由這些謎團構成的。

哲學家：您會不會因為在這個象牙塔裡閒晃了一個星期，而心裡覺得不安。

讀　者：還好啦！是有那麼一點。我七天待在這裡，到底是純度假，還是純聊天？我這次走進象牙塔到底得到了什麼？如果我以後經常來這座象牙塔，又能獲得什麼？我很希望，自己在離開這座象牙塔前，能順利地為我的疑問找到清晰的答案。

哲學家：這我了解。許多人認為，「哲學」沒有用處，是「賺不到麵包的藝術」，人們會聽到像古希臘犬儒主義哲學家迪歐根尼（Diogenes, 412-323 B.C.）在世時一貧如洗，只能蝸居在木桶裡這一類的故事。到底哲學的價值在哪裡？這是個合理的問題，我認為它有兩個答案。請您想一下，工具價值（instrumentelle Werte）和內在價值（intrinsische Werte）之間的區別。

讀者：一件事物的工具價值是為了其他目的而存在的價值；內在價值就是事物本身的價值。您說呢？

哲學家：對，而且我認為，哲學不只有工具價值，它也兼有內在價值。

讀者：我們昨天說過，哲學可以幫助一些學科釐清它們的基本概念。因此我們可以認為，哲學對於這些學科來說，是一種工具價值。

哲學家：是啊！就連在研究方法方面，一些哲學家的養成所需要的思考訓練對於許多學術領域都是有用處的。

讀者：您是說，哲學可以讓人們學習思考？

哲學家：經過一個星期的哲學討論，您已經看到，哲學的探討一直都在檢驗人們論證的品質。如果人們願意專注而密集地研讀一些哲學書籍，就可以獲得許多在其他生活領域也派得上用場的能力，例如，分析文本、從修辭中確定一些基本的思考步驟、重建論證、釐清前提、提出不同論證之間的關聯性等，特別是可以獨立自主地提出論證，並把自己的想法清楚地用語言表達出來。

讀者：或許人們也會學到一些關於歷史的知識。

哲學家：我們幾乎可以把哲學史當成人文學科史的骨幹。雖然我們必須這麼說，歷史學家並不喜歡用哲學的方法來處理人類過去的歷史。

讀者：為什麼會這樣？

哲學家：我們已經說過了，因為我們在一定程度上會認為，目前的哲學討論都離不開哲學史上經典的哲學著作，哲學家們所論辯的問題總是和哲學經典的內容有關。因此，從事哲學研究的學者會經常參考古希臘哲學家亞里斯多德，或是中世紀神學家聖湯馬斯・阿奎納的作品，而不是那些已經從哲學系退休的前輩所撰寫的著作。

讀者：這麼做實際上好像不恰當。

哲學家：哲學家必須找到正確的平衡點。一方面，哲學家都應該回應他們的時代對於他們的要求，如果我們不考慮這一點，就無法正確理解哲學家的思想。從另一方面看來，哲學家閱讀一些哲學史上的經典之作主要是為了掌握他們現在感興趣的哲學問題，比較不是為了了解這些經典著作成書時的那些歷史時代。哲學經典雖然反映了哲學家撰寫相關著作的年代背景，不過，哲學家更關心這些經典著作可以對現在的哲學問題提供怎樣的解答。哲學問題或許就像藝術問題，它們有一部分是超越時代的。

這一點我們在昨天已經談過了！

讀者：從各方面來說，您認為哲學有用處嗎？

哲學家：這是不用懷疑的，不過，哲學的用處實際上對於哲學來說，並不是主要的部分。

讀者：那麼，什麼是哲學主要的部分？

哲學家：哲學主要的部分在於它的內在價值。請您回想一下我們在星期一交談的內容：知識就是一個美好人生最重要的組成部分，不只是因為這些知識能讓我們達成其他的目的，還因為知識對於人類的重要性。知識能讓人們更了解自己本身以及他們生活的周遭世界，而哲學對於人類的知識確實有基本的貢獻。

讀者：這麼說來，您認為，哲學的內在價值也和其他學科的內在價值一樣，都能滿足人類的求知慾？

哲學家：對，這不只和好奇心的滿足有關，而是關於一個人真正的教養和修養，我們所知道和理解的東西會改變我們這個人。哲學在這方面扮演特別重要的角色，因為哲學問題比大多數其他學科的問題更直接關係到我們本身。我們的每一個想法或多或少都和哲學問題有關，所以我們可能無法想像，一個人在他的一生中完全不做任何哲學思考。

讀者：為什麼一定要做哲學思考？

哲學家：因為每個人都想在某一程度上了解自己和自己所生活的世界。我們該怎麼自處，又該怎麼跟別人相處？我們能知道什麼？這世界存在什麼？我們所有人都在尋找這些問題的答案，即便是暫時的解答也可以。這些哲學問題所給予我們的答案會影響我們這個人，由此可見，哲學也能形塑人格。

讀者：不過，我們大多數提出的這類問題往往不像哲學家處理的哲學問題那麼有深度，而且並不是所有人都要念哲學系。

哲學家：是啊，然而我也不認為，哲學必須在所有人的生活當中扮演這種角色。就像我們在星期一說過的，有各種不同的東西可以為人們帶來生活的美好。知識，特別是哲學知識，只是其中一個要素。一個人如果完全沒有哲學的反省就無法過一個理想的生活，不過這並不等於，哲學必須或只能是每一個人生活的重心。

讀者：哲學究竟必須是哪些人的生活重心？

哲學家：有些人會特別被一些未解的哲學問題強烈吸引。例如，維根斯坦所謂「它不是這樣，卻必須是這樣」這句話，就對某些具有哲思傾向的人具有魔幻般的吸引力，甚至還可能讓人深深著迷。人們對於哲學謎團的著迷以及無法掌握全貌而走入死胡同的感覺，會在不同的人身上出現不同的強度。思索哲學的謎團可能會讓人們受苦，所以維根斯坦把哲學比喻為一種治療，哲學的治療應該解除人們在這方面的痛苦。

讀者：大部分的人過日子可以完全沒有哲學嗎？

哲學家：柏拉圖就認為，一個沒有哲學反省的人生就是沒有生命價值的人生。亞里斯多德則主張，每個人都需要哲學，不然人們甚至無法知道，什麼目標值得追求，什麼東西具有工具價值。我也同意這點：一個有行動力的人生雖然不允許過多任意的反省，不過，如果沒有起碼的哲學思考，我們在生活中的行動就會缺少方向感。此外，亞里斯多德還表示，哲學家以哲學理論看待人事物的人生，其實是最好的人生，它最像天上諸神的生活方式。

讀者：哲學家大概會很喜歡聽到這番話。

哲學家：是啊，不過我倒覺得這扯太遠了！哲學家的人生並不是對每個人都是最好的選擇，哲學實際上在人們各自不同的生活裡，分別占有不同的分量。由於哲學在人的世界中可以扮演一種理性的角色，所以需要有人專門致力於維護哲學領域的生命力，讓哲學問題以及相關解答繼續保有它們的活潑性。

讀者：透過哲學家撰寫哲學著作？是嗎？不過，這些出版品絕大部分只有哲學圈內的人在閱讀。

哲學家：沒錯，經常是這樣！要讓所人有都能從哲學當中獲得益處，專業人士的討論畢竟是前提。如果有哲學家撰寫書籍和論文，其他哲學家就會閱讀並討論這些著作，此外，許多哲學系學生也會參與其中，他們畢業後大部分不會以哲學研究為主要職業。他們有的當記者、作家、中小學倫理學教師，或是從事一些會接觸到哲學知識的專業領域。象牙塔裡的哲學見解就透過這種方式滲透到整個社會中，這對於所有的人來說，是好現象。

讀者：這麼說來，哲學家應該更常從他們的象牙塔裡走出來！

哲學家：我反而比較主張，應該有更多人像您這樣，走進象牙塔裡看一看！

附錄

我應該閱讀什麼？

親愛的讀者，

您昨天曾問我，在長達七天的交談結束後，如果想要自修哲學，可以先從哪一本書著手？我覺得這是個很難回答的問題，因為我們在這個星期已經約略討論過大部分的哲學領域：倫理學、道德哲學、政治哲學、後設倫理學（Metaethics）、學術理論（Wissenschaftstheorie）、知識論、形上學、心靈哲學（Philosophie des Geistes）、語言哲學和後設哲學（Metaphilosophie），此外，還有邏輯學、美學、人類學、歷史哲學與各種應用倫理學等。我覺得每一本哲學類書籍都能延伸我們這個星期的哲學對談。我跟您在一起討論哲學時，就是這麼想的！

現在您可能有一大堆閱讀的選擇而完全不知道，該怎麼繼續發展自己的哲學興趣，這讓我想到哲學史上「布里丹之驢」這個著名的典故，十四世紀法國哲學家布里丹（Jean Buridan, 1292-1363）曾說過一個故事：一頭飢餓的驢子發現離它距離相等的兩個地方分別放有兩堆乾草，由於牠遲遲無法決定該吃哪一邊的乾草，最後竟然把自己活活的餓死。當人們面對太多選擇時，往往會無所適從。許多哲學家或許會認為，您應該從哲學的經典作品著手，如柏拉圖、康德、維根斯坦……這並不是不好的建議，人們如果對哲學感興趣，終究必須研讀最精髓的哲學著作，這是不言自明的事。大多數一流的哲學著作都成了哲學經典，因為它們的內容特別有意思。不過我相信，許多經典作品反而會讓初入哲學之門的人感到挫敗，最後一無所獲，或是對哲學這門學科產生扭曲的印象，甚至因為失望而放棄對哲學的探索。如果您沒有哲學的基礎知識，閱讀康德的《純粹理性批判》（*Kritik der reinen Vernunft*）恐怕無法讓您得到太多樂趣。如果您對某個哲學家感興趣，我建議您先閱讀專門介紹這位哲學家的書籍。我們德語區曾出版一些關於重要思想家的系列書籍，例如《思想家》（*Denker*，Beck 出版）或《哲學導論》（*Zur Einführung*，Junius 出版）等等。如果您對哲學感興趣，當您閱讀過這類介紹性和概論性書籍後，就大概能知道，應該繼續研讀哪一位哲學家的哪一本著作，以及應該注意哪些地方。

為了對某一位哲學家有更多的認識，而選讀一本介紹他的生平和思想的著作，這種學習哲學的態度不會太隨意了？不是應該先掌握整部哲學史的全貌？當然，坊間也有很好的哲學史書籍，如果您想了解哲學史的發展，我會推薦您閱讀一套四冊的大部頭書，就是牛津大學哲學系教授肯尼（Anthony Kenny, 1931-）所撰寫的哲學史（也有單本的發行，Oxford University Press, 2010）。當然，人們如果知道，霍布斯在世的年代早於康德，這絕對學到了很重要的哲學史知識。不過普遍說來，我卻認為太多像「誰說了這個、誰說了那個」這類資訊會把初學者搞得不知所措，甚至經常讓他們偏離對於相關問題的獨立思考。因此，針對一位哲學家做基本討論的書籍對大多數人而言，比較有幫助。如果人們只鎖定一位偉大的哲學家，確實地掌握他的理論的強項和弱點，其實人們就已經學到許多哲學知識了！

英語出版界針對哲學入門者的需求所出版的書籍幾乎已經涵蓋所有的哲學主題，這種出版趨勢在德語區也愈來愈明顯，比方說，《哲學概論》（*Einführungen Philosophie*, die wissenschaftliche Buchgesellschaft 出版）、《哲學的基本知識》（*Grundwissen Philosophie*, Reclam 出版）、《心靈哲學的分析性導論》（*Analytische Einführung in die Philosophie des Geistes*, de Gruyter 出版）及《哲學的基本主題》（*Grundthemen Philosophie*, de Gruyter 出版）這些哲學概論的著作。剛接觸哲學的人也可以從哲學手冊或哲學辭典著手，例如，採用小本編印的《哲學辭典：一百個基本概念》（*Lexikon Philosophie: Hundert Grundbegriffe*, Reclam 出版，2011），我們可以在這本哲學辭典裡找到一些重要概念的介紹和解說，以及可以供我們繼續鑽研的相關書目。親愛的讀者，如果您想上網查找哲學方面的資料，在此我建議您使用一個非常出色的（當然也是非常高水準的）數位工具書——《史丹佛哲學百科全書》（*Stanford Encyclopedia of Philosophy*; http://plato.stanford.edu/）。

我在對談中的論述自由地引用一些哲學經典，以及目前哲學界所關注的討論。如果有些內容我覺得很重要，我就會在我們的哲學對談裡提到相關哲學家的名字。通常我都是直接而明白地指出，到底是誰先提出了什麼，並沒有在內容中另外再下註腳。所以，親愛的讀者，如果您想繼續探究某個主題，就必須自行找出相關的文獻來研讀。

當我在與您討論哲學時，腦海中曾經出現一些相關著作，特別是跟現下的哲學討論有關的一些古代及現代的經典作品，還有一些適合入門者閱讀的哲學出版品。為了避免有遺珠之憾，我在這封信的後面附上一份參考書目，這些出版品都很容易找到，它們大多都是用我們的母語——德文，所撰寫的，書目的前後順序則是以著作原初發表的年代先後編排而成的。我希望，這份參考文獻能幫助您在深入哲學的探索時，找到一條正確的途徑！

您的哲學家　敬上

CVB0028
七天學會用哲學思考
Denken wie ein Philosoph: Eine Anleitung in sieben Tagen

作者—蓋爾哈特．央斯特（Gerhard Ernst）
譯者—莊仲黎
主編—李筱婷
責任編輯—宋敏菁
美術編輯—江宜蔚
執行企劃—林倩聿
董事長
發行人—孫思照
總經理—趙政岷
出版者—時報文化出版企業股份有限公司
10803臺北市和平西路三段二四〇號三樓
發行專線—（〇二）二三〇六六八四二
讀者服務專線—〇八〇〇二三一七〇五
（〇二）二三〇四七一〇三
讀者服務傳真—（〇二）二三〇四六八五八
郵撥—一九三四四七二四時報文化出版公司
信箱—臺北郵政七九～九九信箱
時報悅讀網—http://www.readingtimes.com.tw
電子郵箱—history@readingtimes.com.tw
法律顧問—理律法律事務所　陳長文律師、李念祖律師
印刷—盈昌印刷有限公司
初版一刷—二〇一四年一月十日
定價—新臺幣二八〇元
行政院新聞局局版北市業字第八〇號

國家圖書館出版品預行編目資料

七天學會用哲學思考 / 蓋爾哈特．央斯特 (Gerhard Ernst) 著；莊仲黎譯. -- 初版. -- 臺北市：時報文化, 2014.01
面；14.8x21公分
譯自：Denken wie ein Philosoph : Eine Anleitung in sieben Tagen

ISBN 978-957-13-5184-1(平裝)

1. 哲學

100　　102026991

ISBN 978-957-13-5184-1
Printed in Taiwan